JN102460

山口志保 編
YAMAGUCHI Shio

消費者法
これだけは

新版

法律文化社

新版はしがき

　初版から第3版までの編者を務められた杉浦市郎先生のご退職に伴い，前著の編集方針を維持した後継本を作成すべく，前著筆者の中から最年少の山口が編者を務めることとなった。

　消費者法は，消費者としての市民が学ぶ最も基本的な法律である。しかしながら，法律学の素養がないと難解と感じることが多いのも事実である。消費者法のもつこのような性質を乗り越え，法律学を学んだ経験のない市民や学生にとって，なるべくわかりやすく説明を行うという従来の編集方針を，本著でも維持している。

　また，多岐にわたる消費者法関連の法律の中から，少なくともこのような法律があることを知り，消費者として自らの権利を積極的に守ってほしいと考え，ピックアップした法律を収めるという従来の編集方針も維持している。

　本書から，筆者の顔ぶれに変化がある。従前は全員大学教員であったが，今回から実務経験の豊富な方々にも執筆していただいている。これは消費者問題の現実性に迫りたいという考えに基づいている。

　消費者法の分野は，非常に変化が激しく，本著で追いつくより先に改正がなされていることが多い。最新の情報については，消費者庁，消費者委員会，国民生活センター，金融庁のホームページなどを参照されたい。

　末尾となるが，本著刊行にあたっては，法律文化社編集部の八木達也氏から多大なるご尽力を賜った。ここに感謝申し上げる次第である。

　2024年4月

編　　者

は し が き

　『新・消費者法これだけは』も『消費者法これだけは』と同様の編集方針を採用している。すなわち，消費者基本法からはじめて消費者被害の救済までの消費者法を体系化し，しかも難解な法律を，図表および具体的な事例を挙げながら，市民・学生になるべくわかりやすく説明するという方針である。

　『消費者法これだけは』の刊行（2007年4月）以降の消費者法の変化は激しい。すなわち，2007年の消費生活用製品安全法の改正（経年劣化対策），2008年の景品表示法および特定商取引法の改正（消費者団体訴権の景品表示法および特定商取引法への拡大），2008年の特定商取引法の大改正，2008年の割賦販売法の大改正，2008年の国民生活センター法の改正（紛争解決委員会の設置および裁判外紛争解決手続の実施），2008年の特定電子メールの送信の適正化に関する法律の改正（迷惑メール対策としてのオプトイン方式の導入），そして何よりも，2009年の消費者庁関連三法（消費者庁及び消費者委員会設置法，消費者庁及び消費者委員会設置法の施行に伴う関係法律の整備に関する法律，消費者安全法）の制定が行われた。

　2008年の特定商取引法の改正は，①訪問販売における再勧誘の禁止および過量販売の規制，②指定商品・指定役務制の廃止，③未承諾電子メールの送信の禁止，④通信販売における返品ルールの明確化，⑤訪問販売協会の自主的な取組の促進を内容としている。また，2008年の割賦販売法の改正は，①個別クレジット業者に対する登録制の導入，②与信契約におけるクーリング・オフ等の創設等，③既払金返還ルールの創設，④過剰与信防止のための措置，⑤クレジット情報の保護強化，⑥法律の適用範囲の拡大を内容としてい

る。

　2009年の消費者庁関連三法は，消費者行政を一元的に行う消費者庁を設置するもので，これまでの明治以来の縦割りの産業助成官庁が行ってきた消費者行政を根本的に変革するものである。消費者庁は，消費者安全法，特定商取引法および景品表示法をはじめとする安全・取引・表示に関する約30の消費者関連法を単独で所管し，または他の省庁と共管する。消費者安全法は，これまで各省庁が業法で行ってきた安全確保のための施策を消費者庁が一元的に行うことを可能にする一般法である。消費者庁は，消費者事故に関する情報を一元的に集約し，調査・分析し，国民に対して，消費者事故の公表および注意喚起を行う。消費者庁は，各省庁に対して措置要求・勧告を行うとともに，必要があれば自ら勧告・命令・立入調査を行うことができる。国民の大きな期待を受けて発足した消費者庁の活動が国民の期待に応えられるものとなるのか，消費者庁と一緒に創設された消費者委員会とともに，見守っていきたい。

　なお，消費者法も変化の激しい法分野であるので，最新の情報は，消費者庁，消費者委員会，国民生活センター，金融庁のホームページを参照されたい。

　最後に，本書刊行に当たっては，法律文化社社長秋山泰氏，編集部舟木和久氏に大変お世話になった。ここに記して感謝する次第である。

　2010年7月

編　者

第1章　総　論

1　消費者問題とは何か

消費者法の意義　私たち市民は，市場社会のなかでは誰もが1人の消費者である。自らの権利が，他者，なかでも私たちに物品や役務を提供する事業者によって損なわれるはずはないと，大体は無防備に信用しているともいえよう。

　しかし，その無防備さのため知らず知らずのうちに，少しずつ権利を剥ぎ取られてきている現実がある。私たちは，消費者の1人としてその実状に目を見開かねばならない。失ってきたまたは失いつつある権利を取り戻すには，実存する社会のシステムを確認し，何が欠けているか，何が必要であるかを見極めなければならない。その，社会のシステムが「法」であり，消費者の権利システムを構築しているのが「消費者法」である。市民社会の一員として，消費者法の知識は不可欠であることを自覚し，意識的に消費者法を学ぶことは大変有意義である。

消費者被害とその現状　消費者が権利を奪われていたことに気づくのは，実際に被害が生じたことに始まる。歴史的には，健康被害に端を発している。日本では，ミルクを飲んだ幼児に神経障害などが起きた森永ヒ素ミルク中毒事件（1955年），妊婦がつわり改善のために飲んだ薬により手足に障害のある子どもが生まれたサリドマイド事件（1958～1962年）などだけでなく，食べるときに吸い込むことで窒息死をもたらした蒟蒻ゼリー事件（1995～2008年），

さらには洗顔石鹸によるアレルギー発症の茶のしずく石鹸事件（2011年）などが起きている。

　財産的な被害をもたらした事件も世間を賑わせた。ネズミ講の「第一相互研究所事件」（1970年代），マルチ商法によるベルギーダイヤモンド事件（1985年），最近では宗教２世が多方面に及ぶ被害を訴えている旧統一教会事件がある。財産的被害については，世間を賑わせた事件だけでなく，日常的に数多くの悪質商法がなされている実情がある。それゆえ，必ずしも個々の被害額は少額であっても，多数の被害者を出す事件が起きている（参照**図表１-１**）。

　2022年度に全国の消費生活センターが受け付け国民生活センターが収集しPIO-NET（全国消費者情報ネットワークシステム）に登録した消費生活相談情報の総件数は89.6万件ある。しかし，相談できない消費者が数多くいることも十分に想定でき，実際の消費者被害件数がこの数を超えることは明らかである。

　従来のこのような状況に加えコロナ禍によりインターネットを経由する被害が増えている。それだけでなく，成年年齢が20歳から18歳に引き下げられたことにより，若者の相談数も急増している。また高齢化が一層進んでいることにより，高齢者からの相談数も変わらずに多い。

消費者被害への対策　多くの消費者被害に対応すべく，消費者法では，1968年に消費者保護基本法（現・消費者基本法）が制定されて以来，さまざまな範囲に及ぶ立法とその改正が重ねられてきた。

　消費者の安全に対する立法は，消費者の権利を中心として構成するのではなく，行政に権限を委ね事前に規制を加える形でなされてきた。食品衛生法（1947年），電気用品安全法（1961年）などである。これに対して，消費者の権利の側面からは，製造物責任法（1990年）

図表 1‐1　主な問題商法一覧

商法の名称	主な商品・サービス	主な勧誘の手口・特徴と問題点
①特殊詐欺	金銭（示談金，賠償金）	当初は「オレオレ詐欺」と言われた。家族を装い，交通事故や借金，医療ミス，痴漢などを理由にその示談金などの名目で今すぐ必要だからと，お金を振り込ませるなどの悪質な犯罪行為。現金を郵送させる手口，キャッシュカード（と暗証番号）を言葉巧みに詐取する手口など。
②架空請求詐欺	金銭（情報料，消費料金）	使った覚えのないアダルトサイトや出会い系サイトなどの情報料などを手紙，はがき，メールなどで請求してくるもの。裁判所などの公的機関名をかたるケースもある。「消費料金未納のお知らせ」というはがきが送られてくるケースも。
③ワンクリック詐欺	アダルト情報サイト	パソコンやスマートフォンのサイトで，迷惑メールやショートメッセージメールに添付されたURLをクリックすると突然，「登録されました」と表示され，不当な料金を請求される。バナー広告や無料サイトにアクセスして，いきなり入会したことになるケースもある。「ツークリック詐欺」も。
④無料商法	アダルト情報サイト，出会い系サイト，エステ等	「無料体験」「無料で閲覧」「無料サービス」「無料招待」等，「無料」であることを強調して勧誘し，有料の商品・サービスを契約させたり，利用料を請求する商法。
⑤キャッチ・セールス	化粧品，エステ，アクセサリー，絵画	駅や繁華街の路上でアンケート調査などと称して呼び止め，喫茶店や営業所に連れて行き，不安をあおるなどして商品やサービスを契約させる。
⑥アポイントメント・セールス	アクセサリー，複合サービス会員，教養娯楽教材	「抽選に当たったので景品を取りに来て」「特別モニターに選ばれた」等と販売目的を明らかにせず，著しく有利な条件を強調しメールや電話等で喫茶店や事務所に呼び出し，契約しないと帰れない状況にするなどして商品等の契約をさせる商法。
⑦次々販売	ふとん類，エステ，ファンド型投資商品，株・公社債	消費者が一度契約すると，その後次々と必要のない商品やサービスを販売して過剰な契約をさせる。複数の業者が入れ替わりで次々に販売するケースもある。
⑧点検商法	屋根工事・修理，ふとん類，浄水器，床下換気扇	点検をするといって家に上がり込み，「布団にダニがいる」「シロアリの被害がある」などと不安をあおり，商品やサービスを契約させる。公的機関をかたるケースもある。
⑨かたり商法	浄水器，消火器，建物清掃サービス，	あたかも公的機関や有名企業の職員か，その関係者であるかのように思わせ，誤認させて商品を売りつける。

⑩マルチ商法	健康食品，化粧品，飲料，浄水器	販売組織の加入者が新規加入者を誘い，その者がさらに別の加入者を誘引することで組織を拡大して行う商品・サービスの取引。新規加入者の支払う加入料や商品購入代金等によって自分の利益が得られると勧誘する。勧誘時の「もうかる」という話とは異なり思うように売れない。ネットワークビジネスとも言う。
⑪ネズミ講	金銭・有価証券などの配当	組織にあとから加入したものが先に加入したものに金銭などの配当を支払う配当組織。「無限連鎖講の防止に関する法律」によって，開設・運営・勧誘の一切が禁止されている。金銭に限らず有価証券等も禁止。
⑫利殖商法	ファンド型投資商品，株・公社債，分譲マンション	「値上がり確実」「必ずもうかる」など利殖になることを強調し，投資や出資を勧誘する。素人には危険なものが多い。
⑬デート商法	アクセサリー・絵画	出会い系サイトや間違い電話・メールを送り付け出会いの機会を作り，デートを装って契約させる商法。恋愛感情を利用し，断りにくい状況で勧誘し契約を迫る。契約後は連絡が取れなくなる。
⑭催眠（SF）商法	ふとん類，電気治療費，健康食品	「家庭用品が無料でもらえる」「新商品を紹介」といって人を集め，締め切った会場で台所用品などを無料で配り，得した気分にさせ，異様な雰囲気の中で最後に高額な商品を売りつける。
⑮資格商法（士商法）	教養娯楽教材・資格講座	電話で「受講すれば資格が取れる」などと勧誘して，口座や教材の契約をさせる。以前の契約者に「資格が取得できるまで契約は続いている」あるいは「契約を終わらせるための契約を」と再度，別の契約をさせる二次被害が増えている。
⑯送り付け商法（ネガティブ・オプション）	本，雑誌，ビデオソフト	注文していないにもかかわらず，商品を一方的に送り付け，受け取った消費者に，購入しなければならないものと勘違いをさせて支払わせることを狙った商法。代金引換郵便を悪用したものもある。福祉目的をうたい，寄付と勘違いをさせて商品を買わせるケースもある。
⑰当選商法	宝くじ，和服	「当選した」「景品が当たった」「あなただけ選ばれた」等特別扱いであるように思わせて契約させる。
⑱開運商法	印鑑，祈とうサービス，アクセサリー，数珠	「運勢が開ける」「幸福になる」といったセールストークや，「購入しないと不幸になる」などの不安をあおる言葉で勧誘し，商品やサービス（占い，祈とうなど）を契約させる。

⑲被害に遭った人を勧誘（二次被害）	株・公社債，ファンド型投資商品，教養娯楽・資格教材，土地（原野商法）	以前契約をした商品やサービスについて「解約してあげる」「損を取り戻してあげる」等と電話等で勧誘し，これまでにあった被害の救済を装って金銭を支払わせる。
⑳フィッシング詐欺	金銭	金融機関やオンラインショップからのメールを装い，住所や氏名，銀行口座番号やクレジットカード番号，有効期限，ID，パスワードなどを返信させたり，偽のホームページのフォームなどにこれらの個人情報を入力させ，金銭をだまし取る行為。
㉑ネット通販，ネットオークション詐欺	金銭	ネットオークションやネット通販を利用した詐欺。代金を前払いしたのに商品の引き渡しがされず連絡が取れないなどのケースが多い。また，匿名性の高い取引であることから，個人情報を悪用し，他人に成りすましてオークションに参加し詐欺を働くケースもある。

（出典）　国民生活センター「くらしの豆知識 '07・'06・'05」をもとに作成。

が制定されている。消費者安全法（2009年）は改正され，消費者安全調査委員会の設置により手続の透明性が図られるようになった。

　業者に対する取引規制としては，1976年に訪問販売法，特定商取引法などが制定された。これらの法律は，続々と出てくる悪質商法に対応すべく特定商取引法へと統合され（2000年）た。さらに，その後も同法は改正を経て，消費者による契約取消権（以下，消費者取消権という）が定められ，消費者の権利に直接関わる法となった。同様に，割賦販売法（1961年），景品表示法（1962年）も改正を経ている。また，違法金利全般に対しては，以前の貸金業規制法（1985年）が貸金業法（2007年）へと改正された。

　消費者の権利全体については，2000年に制定された消費者契約法が消費法の一般法としての意義を有する。同法は，消費者団体訴訟制度の導入後，改正を重ね，個別案件への消費者取消権の適用についても対応するなど拡充されつつある。

　これらの消費者法以外にも，消費者＝市民の権利保護のためには

民法や刑法，独占禁止法も適用されてきた歴史はあり，また消費者法でカバーしきれない事案に対しては今後も引き続き適用される。その際には，業者と対等な立場にある消費者として捉えるのではなく，業者と対等な立場に消費者をひきあげるための適用が望まれる。

2　消費者基本法

消費者保護基本法から消費者基本法へ　1968年に制定された消費者保護基本法は，2004年の改正時に名称も消費者基本法へと変更された。「基本法」とは，特定の行政分野における基本政策あるいは基本方針を宣明するために制定される法律をいう。消費者法の分野では，日本における消費者行政の基本政策・基本方針を明らかにするのが，消費者基本法である。

　消費者保護基本法では，「消費者の利益の擁護及び増進に関する対策の総合的推進を図る」ために（1条），国，地方公共団体の責務（2条，3条），事業者の責務（4条）と消費者の役割を定め（5条）ていた。消費者には必要な知識の修得と自主的かつ合理的行動に努めることにより，消費生活の安定および向上のための積極的な役割が求められていた。1962年にケネディ大統領の特別教書で消費者の権利について謳われ，消費者の権利は世界的潮流になっていたにもかかわらず，消費者の権利については定められていない。

　2003年5月の国民生活審議会消費者政策部会報告書「21世紀型の消費者政策の在り方について」を受けて2004年改正された消費者基本法では，第1条から消費者の権利に言及されている。一部の地方自治体の消費生活条例，および国際消費者機構（Consumers International, CI）に倣っているともいえよう。同条では，消費者と事業者と

の間に，情報質と量，交渉力において格差があることを前提とした「消費者の利益の擁護及び増進」を目的としている。2条1項では消費者の6つの権利として，①安全が確保される権利，②選択の機会が確保される権利，③必要な情報が提供される権利，④教育の機会が提供される権利，⑤意見が政策に反映される権利，⑥被害が適切かつ迅速に救済される権利が定められた。

このように消費者の権利を認めながらも，同項では「消費者の自立を支援することを基本」とするといい，消費者に自己責任を求めようとしていたとも考えられる。

消費者政策の推進 消費者基本法第2章においては，基本的施策として，安全の確保（11条），消費者契約の適正化等（12条），計量の適正化（13条），規格の適正化（14条），広告その他の表示の適正化等（15条），公正自由な競争の促進等（16条），啓発活動及び教育の推進（17条），意見の反映及び透明性の確保（18条），苦情処理及び紛争解決の促進（19条），高度情報通信社会の進展への的確な対応（20条），国際的な連携の確保（21条），環境の保全への配慮（22条），試験，検査等の施設の整備等（23条）の規定が置かれている。第3章においては行政機関等として，行政組織の整備及び行政運営の改善（24条），国民生活センターの役割（25条），消費者団体の自主的な活動の促進（26条）の規定が置かれている。第4章では，消費者政策会議（27条，28条），消費者委員会（29条）の規定が置かれている。

政府は，消費者政策の計画的な推進を図るため，消費者基本計画（2015年3月24日閣議決定）を策定し，消費者基本計画に基づき，消費者政策を進めている（消費者基本法9条，27条，29条）。国には，消費者政策会議（27条1項），消費者委員会（29条），消費者庁，各省庁，国民生活センターがある。消費者庁は，従来の縦割り行政を是

正し，安全・表示・取引分野にわたる消費者行政を一元的に担う組織として，内閣府の外局に設置される（消費者庁及び消費者委員会設置法2条1項）。消費者庁の設置により，各省庁から消費者庁に移管された法律（特定商取引法，景品表示法等）もあるが，多くは各省庁との共管となっている。同時に，内閣府本府に，消費者委員会が設置される（消費者庁及び消費者委員会設置法6条1項）。消費者委員会は，独立して職権を行使する（同7条）。消費者政策の推進体制については，**図表1-2**参照。地方公共団体では，ほぼすべての都道府県・市町村に消費者政策を専門に取り扱う部署や，消費生活センターがある。

消費者政策を推進する各行政機関は，以下のように，それぞれ異なった役割を担っている。

消費者政策会議は，消費者基本計画案の策定，検証，評価，監視を行う（消費者基本法27条2項各号）。消費者基本計画案の作成および消費者基本計画の検証，評価および監視の結果の取りまとめを行おうとするときは，消費者委員会の意見を聴かなければならない（同27条3項）。消費者委員会は，基本的事項を調査審議し（同29条），消費者庁は総合的に調整し，消費者庁を含め，各省庁が個々の施策を実施する。国民生活センターは，情報提供，研修教育，商品テスト，苦情処理，重要消費者紛争の解決を行う。

都道府県および市町村は，各自の消費者政策の実施に必要な基本的枠組みを定める消費生活条例を制定し，各区域内の苦情処理等のあっせんを行う。各消費生活センターは，国民生活センター等と連携（PIO-NETなど）を保ちつつ，情報提供，苦情処理，商品テスト等を実施している。

都道府県には，消費生活センターの設置が義務づけられ，市町村も設置が努力義務とされている（消費者安全法10条）。このように，

図表1-2 消費者行政の基本的枠組

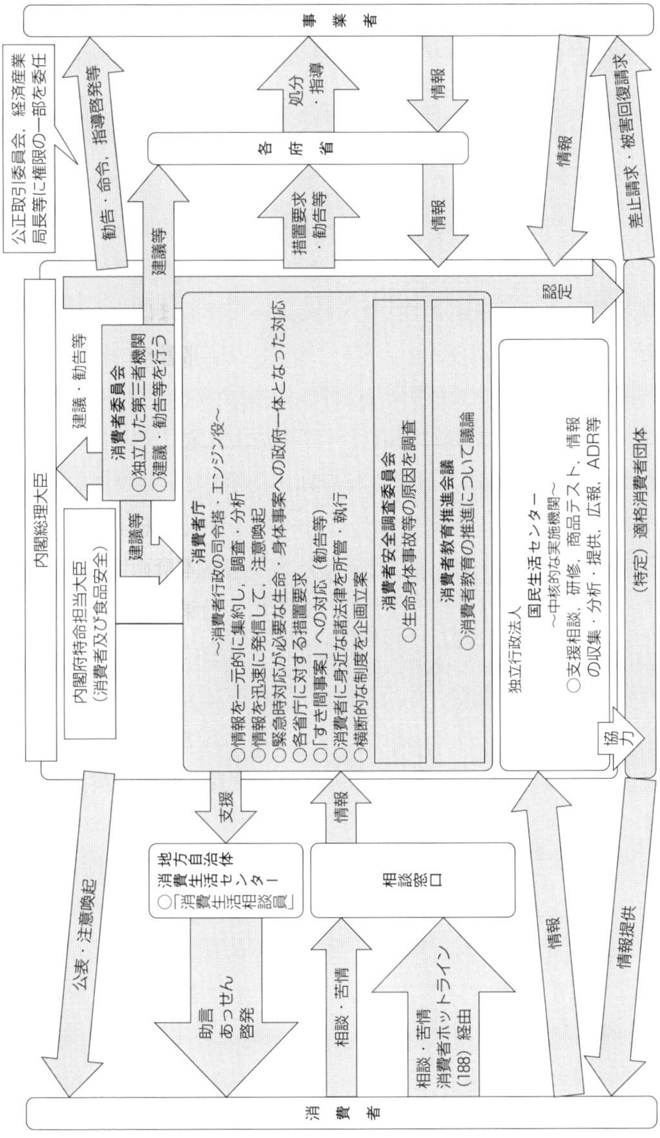

（出典）消費者庁「令和元年度版消費者白書」図表1-2-1-4。

事業者

公正取引委員会…経済産業局長等に権限の一部を委任

勧告・命令、指導啓発等　　処分・指導　　情報　　差止請求・被害回復請求

各府省

措置要求・勧告等　　情報

連携等

消費者委員会
○独立した第三者機関
○建議・勧告等を行う

建議・勧告等

内閣総理大臣

内閣府特命担当大臣
（消費者及び食品安全）

建議等

消費者庁
〜消費者行政の司令塔・エンジン役〜
○情報を一元的に集約し、調査・分析
○情報を迅速に発信して、注意喚起
○緊急時対応が必要な生命・身体事案への政府全体となった対応
○各省庁に対する措置要求（勧告等）
○「すき間事案」への対応
○消費者に身近な諸法律を所管、執行
○横断的な制度を企画立案

消費者安全調査委員会
○生命身体事故等の原因を調査

消費者教育推進会議
○消費者教育の推進について議論

認定

独立行政法人
国民生活センター
〜中核的な実施機関〜
○支援相談、研修、商品テスト、情報の収集・分析・提供、広報、ADR等

協力

（特定）適格消費者団体

支援　　情報

地方自治体
○消費生活センター
　「消費生活相談員」

相談窓口

公表・注意喚起　　助言　あっせん　啓発

相談・苦情

相談・苦情　消費者ホットライン（188）経由

情報提供

消費者

各行政機関が異なった役割を担っているなかで，最も重要な位置を占めるのは消費生活センターである（国民生活センターも苦情処理を行うが，大多数の苦情処理を行うのは各消費生活センターである）。消費者が直接にまたは電話で支援を求めてくる最前線の場所としても，消費者への情報提供のみならず消費者と事業者の間をあっせんするという苦情処理をとおして，消費者被害の実態を正確に把握することができるのも，消費生活センターである。消費生活センターへは，全国共通の短縮ダイヤル「188」（いやや）によって誰でもアクセスできる。

消費者の権利の1つである教育の機会が提供される権利（2条1項，17条）は，2012年に消費者教育推進法制定により具体化が図られている。同法は，「消費者が，個々の消費者の特性及び消費生活の多様性を相互に尊重しつつ，自らの消費生活に関する行動が現在及び将来の世代にわたって内外の社会経済情勢及び地球環境に影響を及ぼし得るものであることを自覚して，公正かつ持続可能な社会の形成に積極的に参画する」消費者市民社会の構築のために消費者教育の推進を求めている。

消費者関係法規　　（1）安全の確保（消費者基本法11条）　　製品や食品の安全性に対する消費者の関心は近年一層高まっている。三菱自動車によるリコール隠しをはじめとする自動車業界の不祥事が次々に明らかになっていることも関係している。消費者基本法では，消費者の権利として，第一に安全が確保される権利を挙げている。製品や食品・医薬品に欠陥があった場合，事後的には，民709条の不法行為責任または製造物責任法（PL法）に基づき，損害賠償責任を追及することは可能である（→第8章・4 製造物責任法）。しかし，一度失われた生命・健康を取り戻すことは不可能であり，様々な法律によって事前規制が行われている。製品や食

品の安全性と関係する法律は非常に多くあるが，消費者安全法，薬事法，食品衛生法，電気用品安全法，消費生活用製品安全法，道路運送車両法等がある（→第8章・3 安全性確保のための法規制）。

(2) 消費者契約の適正化等（同12条）　2000年に制定された消費者契約法では，2006年に消費者団体訴訟制度が導入された後，近年では消費者取消権をめぐり数多の改正を経ている。特定商取引法も消費生活と密接に関連する数種の取引ルールを定めている重要な法律である。消費者信用については，割賦販売法，利息制限法，出資法および貸金業法がある（→第4章 消費者信用取引）。特定商取引法は，クーリング・オフの権利をはじめ，消費者被害防止のために重要な法律である（→第3章 特定商取引法）。金融商品については，金融商品取引法および金融サービス法がある（→第5章 金融商品取引）。最後に，電子商取引については，電子契約法がある（→第6章 電子商取引）。

(3) 規格の適正化（同14条）　産業標準化法（JIS法），日本農林規格等に関する法律（JAS法）がある。

(4) 広告その他の表示の適正化等（同15条）　不当表示や過大な景品付販売が行われたのでは，消費者の選択の機会が確保される権利は，守られない。不当表示や過大な景品付販売を規制する一般法として景品表示法がある（→第7章 広告・表示の適正化）。

(5) 公正自由な競争の促進等（同16条）　公正かつ自由な競争が確保されていなければ，消費者の選択の機会が確保される権利は絵に書いた餅になる。公正かつ自由な競争を促進するための法律として，独占禁止法がある（→第9章 公正・自由な競争と消費者）。

(6) 消費者被害の救済　消費者にとって最も頼りになるのが消費生活センターではあるが，事業者があっせんに応じなければ，消費者被害の救済はできない。被害を受けた消費者は，裁判手続また

は裁判外手続を通じて，自らの権利を実現していかなければならない（→第10章 消費者被害の救済）。

3　民法の射程と限界

　前節でみたような様々な消費者被害を民法により救済しようとする場合，いかなる規定を適用しうるだろうか。民法は基本的に対等平等な当事者間の法律関係を想定しているため，事業者（＝プロ）と消費者（＝アマチュア）という非対等な当事者間の関係から生じる消費者問題では，民法に頼っていては被害を救済する上で非常に困難であるとされてきた。以下では，消費者問題に適用しうる民法の諸規定を概観し，その射程と限界を明らかにしてみよう。

1　行為能力制度

権利能力，意思能力，行為能力　消費者取引は契約という形をとるが，民法上，契約が有効に成立するためには，契約の両当事者に，権利能力，意思能力，行為能力が備わっていなくてはならない。逆にいえば，これらの能力が備わっていない場合，その契約は無効となる。

　ここで「権利能力」とは，「権利や義務の帰属する主体になりうる能力」である。人は出生した時から，私法上の権利・義務の主体となりうる（民3条1項）ので，通常の消費者契約ではこの権利能力は問題ない。

　次に，「意思能力」であるが，一般に，契約を結んだ当事者は契約を守らなくてはならない（契約の拘束力）が，その根拠は自分自身の自由な意思に基づき契約を結んだからである。そのことの基礎になる能力が意思能力であって，法律学的にいうと「自己の行為の

結果を認識し，判断できるだけの精神的な能力」ということになる。民法は，「法律行為の当事者が意思表示をした時に意思能力を有しなかったときは，その法律行為は，無効とする」（3条の2）として，意思能力を欠く契約は無効であるとしている。ただし，その行為の当時，意思能力が欠けていたことは行為者自身（＝消費者）が証明しなければならず，通常これはとても難しい。逆に，契約の相手方（＝事業者）は，その人（消費者）に意思能力があると思って契約しても，契約締結後に無効を主張され，不利益を被るおそれもある。

そこで，民法は，意思能力が不十分な一定の範囲の者について，契約などの法律行為を単独で完全に有効に行える能力（＝行為能力）を一律に制限することによってそれらの者を画一的に保護するという方法をとっている。この行為能力を制限される者には2つのグループがあり，1つは「未成年者」であり，もう1つは「成年後見制度」である。以下で詳しくみていこう。

未成年者の取消権（民法　5　条）　未成年者（＝年齢18歳に満たない者，民4条）は，一般に社会的経験が十分でなく，前述の意思能力が十分とはいえないので，民法上一律に保護されている。未成年者が契約を結ぶなどの法律行為をするときは，両親等の法定代理人の同意を必要とする（民5条1項）。未成年者がこの同意を得ないで契約などをした場合は，未成年者本人または法定代理人はそれを取り消すことができる（同2項）。取消権は追認することができる時から5年間行使しないときは時効によって消滅する（同126条）。ここで「追認」とは，取り消すことができる行為を後から「そのままでよい」と確認することをいい，「追認できるとき」とは，未成年の場合は成年となった（＝制限行為能力者でなくなった）ときをいう。

契約等が取り消されると，当該契約等ははじめから無効であった

ものとみなされる（同121条）。したがって，未成年者は代金などを支払う義務を負わないし，既払金は，その返還を求めることができる。さらに，すでに商品等を受け取っていたり，それを使用した場合でも，制限行為能力者はそのままの状態で（現に利益を受けている限度において）返還すればよい（同121条の2第3項）。使用料や損害賠償を支払う義務はない。

こうして，消費者契約において，消費者が未成年者である場合には，未成年者取消権を使って，不当な契約や意思に反する契約を取り消すことにより，被害を免れることができる。

成年後見制度　次に，成年に達した者であっても，精神上の障害などによって十分な判断力をもたなくなった人に対しては，未成年者と同様の保護が規定されている。成年後見制度には3つのタイプがあり，①軽度の精神上の障害（認知症・知的障害・精神障害等）により判断能力が不十分な人を保護の対象とする「補助」（民15条），②精神上の障害により判断能力が著しく不十分な人を保護の対象とする「保佐」（同11条），③精神上の障害により判断能力を欠く常況にある人を保護の対象とする「成年後見」（同7条）の3つである。

手続の概略は，以下のとおりである。

①　本人，配偶者等が家庭裁判所に申し立てる。

②　本人の判断能力が不十分で補助（保佐，成年後見）が必要な場合，家庭裁判所が補助（保佐，成年後見）開始の審判をし「補助人（保佐人，成年後見人）」を選任する。

③-1　補助人に対し，当事者が選択した「特定の法律行為」の一部につき同意権（取消権）を付与する。（特定の法律行為とは，13条1項規定の行為で，借財や保証，不動産等の重要な財産の売買，金銭財産の管理など）。補助人の同意なしになされた法律行為は，

本人（＝被補助人）または補助人は取り消すことができる（17条4項）。

③‐2　保佐人に対し「特定の法律行為」について同意権を付与する。保佐人の同意なしになされた法律行為（13条1項所定の行為）は，本人（＝被保佐人）または保佐人は取り消すことができる（同条4項）。

保佐人，保佐人については，本人等の請求により「特定の法律行為」について，補助人，保佐人に代理権を付与することもできる（民876条の4，876条の9）。

③‐3　成年後見人には広範な代理権と取消権が付与される。（ただし，日用品の購入その他日常生活に関する行為は，本人の判断に委ね，取消権の対象から除外される）。本人（＝成年被後見人）の法律行為は取り消すことができる（同9条）。

以上により，例えば本人の契約締結に際し補助人の同意が必要となり，同意のない場合は後で取り消すことができる。こうして本人の不十分な判断能力をサポートすることができる。したがって，本人が悪質商法の被害にあって高額の買い物をした場合にも，後から当該契約を取り消すことが可能である。

ただし，以上の成年後見制度は，未成年者の保護とは異なり，事前に家庭裁判所に申立てをして，保護の必要があると認められ，補助人等が選任されていなければ利用できないため注意が必要である。

2　錯誤，詐欺，強迫

民法理論においては，①動機，②内心的効果意思，③表示意思，④表示行為という4つの過程を経て，消費者の契約締結意思が形成されると考えられている。しかも，このうち契約意思を構成するの

は②〜④の過程であるとされ，意思表示と呼んでいる。そして，この意思表示に問題がある場合には，契約の効力が制限される。

錯　誤（民法95条） 意思表示をした際に，その意思表示が錯誤（＝勘違い）に基づくものであり，かつ，その錯誤が法律行為の目的および取引上の通念に照らして重要なもの（＝契約の重要な部分に関するもの）であるときは，その意思表示は取り消すことができる（95条）。取り消すことができる錯誤の種類は2つあり，1つ目は意思表示に対応する意思を欠く錯誤（95条1項1号）（＝表示行為の錯誤）であり，たとえば，ダイヤのネックレスを100万円で買うつもりで0を1つ余分に書いてしまい1000万円と表示してしまった場合のように，自分が意図した表示とは異なる意思表示をした場合である。2つ目は，法律行為の基礎とした事情についての認識が真実に反する錯誤（＝動機の錯誤。同条同項2号）であり，例えば，高名なA画伯の絵画だと思い購入の申込みをしたが，実は画家Bの絵画であったという場合のように，意思表示の動機に錯誤があった場合である。

　2つ目の動機の錯誤の場合は，その事情が法律行為の基礎とされていることが相手方に表示されていた場合に限り，取り消すことができる（同条2項）。契約を結ぶにあたっての動機は人それぞれで，相手方にはわからないような動機の錯誤を理由として後から契約の取消しを主張されたのでは，相手方としては予想できない不利益を被ることになる。しかし，動機に錯誤があることを契約前に相手方が知っていた場合には，その契約の取消しを主張しても，相手方には予想できないような不利益は生じないと考えられる。

詐　欺（民法96条） 例えば，5万円程度のダイヤのネックレスを，販売員に「100万円はする高級品だが，特別に安くする」と説明され購入したなど，いわゆる騙されて契約

を結ばされた場合，詐欺を証明できれば，その契約（＝意思表示）は取り消すことができる。ただし，当該消費者の意思表示が「詐欺による」といえるためには４つの要件を満たす必要がある。すなわち，①詐欺者（＝販売員）に相手方（＝消費者）を欺こうとする意思と，欺くことによって一定の意思を表示させようという意思との二重の故意があること，②「欺罔行為」（＝相手を欺く行為）があること，③表意者（＝消費者）が詐欺者（＝販売員）の欺罔行為によって錯誤に陥り，その錯誤によって詐欺者の欲した意思表示をすること，④詐欺が違法性のあるものであること，である。

　以上の要件を満たさないと「詐欺」とはいえず，表意者（＝消費者）は契約を取り消すことができない。しかし，実際には消費者の側で，①の販売員の二重の故意を立証するのは難しく，消費者契約において，詐欺による取消しが認められたケースは稀である。

強　迫（民法96条）　例えば，販売員が突然，自宅にやって来て強引に上がり込み，執拗に浄水器を購入するよう説得され，怖くなって契約書にサインしてしまったというように，強迫，つまり脅されて恐怖を感じて契約をしてしまったというような場合も，その契約（＝意思表示）を取り消すことができる。「強迫」の場合も詐欺同様，４つの要件がある。①強迫者（＝販売員）に，相手方（＝消費者）に恐怖感を感じさせようとする意思と，恐怖感によって意思表示をさせようという意思との二重の故意があること，②強迫行為があること，③表意者（＝消費者）が，強迫者（＝販売員）の強迫行為によって恐怖感を感じ，その恐怖感によって強迫者の欲した意思表示を行うこと，④強迫が違法性のあるものであること，である。

　以上の４つの要件を満たしていれば「強迫」といえ，消費者は意思表示を取り消すことができる。しかし，この場合も販売員の内心

に関する①の二重の故意について，消費者の側から立証するのは難しい。

　以上のように，従来の民法理論では錯誤，詐欺，強迫によって消費者が不本意な契約を結ばされた場合にも取消しを主張することは容易ではない。そこで，消費者契約について，取消しの主張をしやすくする目的で立法されたのが消費者契約法である（→第2章 消費者契約法）。

3　契約締結過程──当事者の合意

　民法では，契約は，契約の内容を示してその締結を申し入れる意思表示（申込み）に対して相手方が承諾したときに成立するとされている（522条1項）。つまり，契約当事者の意思の合致（＝合意）によって契約は成立する。例えば消費者と事業者の間の消費者契約では，事業者（売主）による申込みの誘引⇒消費者（買主）による申込み⇒事業者（売主）による承諾と進むなかで，双方が契約条件を出し合い，合意し，契約を成立させるということになる。この契約の成立に至るまでの間を，一般に「契約交渉過程」と呼んでいる。

　しかも，契約の成立には，法令に特別の定めがある場合を除き，書面の作成その他の方式を具備することを要しない（522条2項）。つまり，口頭で合意した場合も契約は有効に成立する。契約書を作るのは，合意の有無，契約の成立・不成立，さらには契約条件等について，あとで争いにならない，あるいは争いになっても証拠を残すためである。後述の特定商取引法や割賦販売法等では，消費者に対し契約書面を交付することを事業者に義務づけているが，これは，消費者が締結した契約の内容を正しく知り，確認できるよう事業者に義務を課したものである。

　さらに，契約は口頭でも成立することを逆手にとって，例えば電

話勧誘で,「けっこうです」などと曖昧な返事をした消費者に対して,合意した,すなわち契約が成立していると主張し,商品を送り付けて代金を請求する等の悪質商法が行われている。不要な場合ははっきりと「いらない」旨の意思表示をすることが大切である。また,消費者法では,特定商取引法上の電話勧誘販売の場合のように電話でのやり取りで合意が成立しても,後日改めて消費者に対し契約書面を交付することを事業者に義務づけているケースもみられる(→第3章・3・**1** 訪問販売,電話勧誘販売)。

そして,当事者間の十全な合意により成立した契約は拘束力をもつ。すなわち,一旦締結された契約はその内容に沿って履行されなくてはならない。履行されない場合は債務不履行となり,債務者は損害賠償義務を負うこととなる(民415条)。

4 契約内容の公正性

公序良俗違反
(民法90条)

さらに,正しい過程を経て成立した契約であっても,その内容に問題があり効力が否定される場合がある。公序良俗違反の場合(民90条)である。民法90条では,公の秩序又は善良の風俗に反する法律行為は無効とするとして,包括的に社会的妥当性を欠く契約等の無効を規定している。法律上は細かい要件などを規定してないので,運用はもっぱら裁判官の裁量に委ねられている。

そこで,公序良俗違反の契約を過去の判例に基づいて整理すると,①人倫に反する行為(例:妾契約,売春契約),②正義観念に反する行為(例:殺人委託契約,贈収賄を目的とする契約),③個人の自由の制限行為(例:芸妓前借金契約),④暴利行為(例:暴利(高金利)を目的とする契約,賭博)などに分類される。

消費者取引に関していえば,先物取引,原野商法,ヤミ金などに

よる高金利の貸付などのケースで，消費者側が，公序良俗違反による契約の無効を主張することが多い。詐欺や強迫の立証が難しいとき（例えば，密室での勧誘は，言った，言わないの争いとなり，客観的な証拠を挙げて立証することは困難なことが多いなど），被害者側からすると，一般条項は最後の拠り所である。

約款とその規制　前述のように，民法では，契約は当事者の意思の合致（＝合意）により成立するとされ，この合意に至るまでのプロセスも，申込みの誘引⇒申込み⇒承諾と進むなかで，双方が契約条件の交渉をして，合意にこぎつけ，契約を成立させると考えられている。

　しかし，現代の大企業のように，日常的に多数の人や会社と契約を結ぶ場合には，個々の契約についてこのような成立手続をとってはいられない。そこで登場したのが約款である。約款とは，企業等が多くの顧客と契約を結ぶことを想定して，あらかじめ定型的に契約条件を決めておいたものをいう。企業は，個々の契約の際に，個別に相談することなく，あらかじめ決めてある契約条項（約款）に従って契約を結ぶことで，大量の契約を迅速に処理できることになる。約款の典型例は，銀行約款，保険約款，運送約款などであるが，今日では，クレジットカード契約，旅行契約，エステ契約，語学教室受講契約等々，様々な取引に約款が使われている。また，必ずしも約款という言葉を使っているとは限らず，取引規約，取引規定，会員規約などの名称の場合もある。

　民法の基本原則たる「契約自由の原則」によれば，誰と，どんな形式で，どんな内容の契約を結ぼうと，当事者間に合意が成立していれば当事者の自由である（民521条，522条）。民法の諸規定は基本的に任意規定がほとんどであるため，民法に規定されている事項でも当事者間で別の取決め（＝特約）をすれば，その取決めが優先的

に適用される。民法の規定は，当事者間に争いが生じたが，そうした取決めがなく契約の解釈に困ったときに基準となるのである。

このような考え方に基づくと，約款についても，これが当事者間の合意に基づく取決め（＝特約）であれば，優先的にその契約に適用されることになる。例えば，宅配便で，輸送中の事故により荷物を破損しても事業者は責任を負わない旨の約款の規定も，当事者がこのような規定に合意していたとすれば，消費者は損害賠償を請求できないことになってしまう。

そこで，約款は「本当に当事者間で合意した内容といえるのか？」が問題となる。実際に約款をみてみると，たいてい非常に小さな文字で印刷されており，用語もわかりにくく，多くの人は契約締結に際してまず読まないし，読んでも理解するのが困難なことが多い。消費者は約款の内容を十分理解して合意したとはいいがたいのが実情である。

ところが他方で，約款は，契約の一方当事者（消費者契約では事業者側）があらかじめ作成しておくものであるため，どうしても約款作成者にとって有利な内容となりやすく，相手方当事者（消費者側）は不測の不利益を被る場合がある。そこで，約款を規制する必要性が生じてくる。規制の手法としては，行政的規制，自主的規制，司法的規制，立法的規制がある。行政的規制は，行政庁が約款の内容をチェックするもので，旅行業，宅配便，引越し，保険業はいずれもこのタイプである。国土交通省などの監督官庁が，標準旅行業約款，標準宅配便約款などのモデル約款を定めている。自主的規制は業界団体等により標準約款を作成するもので，行政的規制を受けていない多くの業界で行われている。また，司法的規制は，その条項が法律等に基づき契約内容と認められるか否か，裁判所が判断する方法である。さらに，立法的規制としては従来，後述の特定商取引

法，割賦販売法などにおいて，法律に定めた内容に違反する契約条項の効力を否定する規定が置かれ，さらに消費者契約法では特定の不当な契約条項につき，消費者がその無効を主張することができる旨定められている（→第2章　消費者契約法）。また民法改正（2020年4月1日施行）により次項でみるように定型約款の契約への組入要件等について規定が新設された。

民法の定型約款の規定　　民法は，定型約款に該当する契約条項（①定型約款の定義）について，契約の相手方（消費者など）はどのような場合に法的に拘束されるのか（②組入要件），定型約款準備者（事業者）に内容の開示を請求できるのか（③開示義務），契約の相手方にとり著しく不利益な内容の約款でも拘束力が認められるのか（④信義則による制限），約款準備者が一方的に約款を変更した場合に約款の拘束力はどうなるのか（⑤変更要件），などの点について定めている。

　まず，①民法が適用される約款は「定型約款」とされ，その定義は，「定型取引（ある特定の者が不特定多数の者を相手方として行う取引であって，その内容の全部又は一部が画一的であることがその双方にとって合理的なもの）において，契約の内容とすることを目的としてその特定の者により準備された条項の総体」と規定されている（548条の2第1項）。消費者契約においては，事業者が画一的に定めている契約条件はほとんどが「定型約款」に該当すると考えられる。

　②定型約款が契約内容となる（＝法的拘束力をもつ）ための要件（組入要件）については，1）「定型約款を契約内容とする旨の合意をしたとき」または2）「定型約款準備者があらかじめその定型約款を契約内容とする旨を相手方に表示していたとき」と規定されている（548条の2第1項1号，2号）。この組入要件には，契約の相手方（消費者など）が契約時に定型約款の内容を認識し得たか否か

は問題とされていないが，事業者側が約款（とりわけ消費者にとって不利益となる条項）の説明をしなかった場合などは信義則違反で契約内容とならない（＝拘束力が認められない）場合もありうる（→④）。

そして，③定型約款準備者は，相手方から請求された場合は定型約款を開示する義務があるとされ（548条の3第1項），これを拒んだ場合はその定型約款の法的拘束力は認められない（同条第2項）。

さらに，④定型約款の内容について，「契約の相手方（消費者など）の権利を制限」する約款条項や「相手方の義務を加重する」（過大な責任を負わせる）約款条項であって，「その定型取引の態様及びその実情並びに取引上の社会通念に照らして民1条2項に規定する基本原則（信義則）に反して相手方の利益を一方的に害すると認められるもの」については，合意をしなかったものとみなされる（＝法的拘束力は認められない）（548条の2第2項）。

また，⑤定型約款準備者が約款を変更する場合の要件として，1）約款の変更が相手方の一般の利益に適合するとき，または2）契約目的に反せず，かつ，変更の必要性，変更後の内容の相当性，変更規定の有無・内容その他の変更に係る事情に照らして合理的なものであるときには，個別に相手方と合意することなく，約款の変更により契約内容を変更することができると規定されている（548条の4第1項）。これは，約款準備者が，契約締結後に法令改正や経営環境の変化により約款を変更する必要が生じた場合に，多数にのぼる契約相手に対し個別に合意を取りつけることは事実上困難なため，変更要件を定めたものである。さらに，同条第2項以下では約款変更の手続き等についても定められている。

なお，このような民法の定型約款の規定は，消費者契約に限らず，約款による取引一般について定めたものであることから，消費者取引については依然として消費者契約法が重要な役割を果たすこ

ととなろう。

5　事業者の法的責任

　事業者が負うべき法的責任（民事責任）には契約責任と不法行為
責任がある。例えば，消費者が電気店でパソコンを購入したとこ
ろ，使い始めてまもなく画面がフリーズして動かなくなってしまっ
たという場合，消費者はどうしたらよいだろうか？　この場合，消
費者は，電気店との間の売買契約に基づき，売主である電気店に対
し，パソコンの修理や代わりのパソコンとの交換を求めることがで
きる。契約の解除や（損害が発生した場合は）損害賠償を請求するこ
とも可能である（契約不適合責任，民562条以下）。

　それでは消費者が電気店から購入したテレビに欠陥があったこと
から火災が発生し，自宅が焼失した場合はどうだろうか？　上の事
例と同じく商品に欠陥があったわけだが，この場合はそれにより火
災が発生し，消費者の自宅が焼失するという被害が発生している
（これを拡大損害という）。そこで，電気店に拡大損害についての賠償
を求めるとすれば，（契約不適合責任では拡大損害の賠償まで請求するこ
とはできないため），債務不履行責任を根拠に損害賠償を請求するこ
とが可能である（債務不履行による損害賠償，415条）。

　しかし，電気店は欠陥のあるモノを売った責任はあるが，そもそ
も欠陥のあるモノを作ったのは製造業者であるのだから製造業者が
責任を負うべきであると思われる。ところが，債務不履行責任は契
約関係にある相手方（ここでは電気店）しか追及できない。

　そこで，製造業者の責任を追及しようとする場合，従来，消費者
は，製造業者に対し不法行為（民709条）に基づく損害賠償を請求し
ていた。不法行為は当事者間に契約関係があることを前提とせず，
契約関係にない者同士の間で起こった被害についても損害賠償を請

求できるためである。不法行為責任では，①加害者側の故意または過失，②加害者の行為の違法性（権利侵害，法的に非難されるべき行為），③損害の発生，および加害行為と損害との間の因果関係，の要件を満たす場合に，加害者は被害者に対し損害賠償責任を負うとされている。ただし，消費者が裁判で，製造業者の故意・過失（①）や，商品の欠陥によって損害が発生したこと（③の因果関係）などを立証するのが難しく，敗訴するケースが多かった。

　このような背景の下，消費者にとって，債務不履行責任では追及できない，そして，不法行為でも認めさせることが困難な，製造業者の責任を追及しやすくするために制定されたのが，「製造物責任法」である（→第8章・4 製造物責任法）。

　以上，民法の射程と限界について述べてきたが，それを補うための消費者法にも限界が存在する。例えば，特定商取引法の適用対象外となっている消費者取引でのトラブルや，契約締結時の事業者の説明義務違反のケースなど，消費者法による消費者の救済が難しい場合には，信義則，契約責任，不法行為などの民法の諸規定に基づき被害救済をはかることとなる。

第2章　消費者契約法

1　立法の背景

　消費者被害を防止するため，あるいは発生している消費者被害を最小限にするには，消費者にその契約を取り消す権利を認めるなどその契約の拘束力から解放し，契約を締結しなかった時点に戻すことが原則的には望ましい。

　特定商取引法などの個別業法により，クーリング・オフや中途解約権などは認められているが，対象となる販売方法や商品が限定されており，すき間のない対応は困難だという現状がある。業法以外での救済は，錯誤または詐欺・強迫による取消し，公序良俗違反による無効などの民法理論によることとなるが，それも最終的には司法による事後的救済を待つ必要がある。その上，錯誤や詐欺の立証は困難であり，公序良俗違反はその概念上，適用される事例が限定されるという実情の下，民法理論によって，消費者を契約による被害から救済するには厳しい現実がある。

　このような状況では，消費者は被害を受けたまま放置されていることとなる。事業者への事前規制が緩和されながらも，消費者被害の事後救済が不十分なだけでなく，消費者には「自助・自立」，「自己責任」までもが求められていては，両者間の格差は解消するどころか，広がるばかりになりかねない。健全な市場メカニズムが機能するとはいえまい。

　諸外国では消費者契約の適正化が図られ，不当な契約の拘束力か

ら消費者を救済するための民事ルールの整備がすでになされていた。特に契約条項については個別立法や，確立した判例理論により，救済が図られていた。

このような社会的，時代的背景下で，国民生活審議会消費者部会での審議・報告を経て，2000年に消費者契約法が制定されるに至った。消費者契約法は，従前の民事ルールでは解決しきれなかった被害からの救済という点では，民法の特別法という位置づけになる。また，消費者取引全般について，契約の根幹を定めた規定という点では，消費者法の一般法と位置づけられる。

では，どのような点で消費者法の一般法と位置づけられるのかみてみよう。立法背景からは，次の契約締結過程と，契約内容という2つの側面から消費者契約の適正化が必要とされた。

契約締結過程の問題
——多発する消費者被害　契約締結の前提として事業者は販売のプロであるのに対し，消費者は日々少量多種類の商品・サービスを購入するに過ぎず，事業者と消費者の間には，情報量，契約交渉力について格差が存在している。ここに，消費者被害発生の根本的原因がある。その結果として，消費者は錯誤に陥ったり，詐欺にあっていながら，場合によっては強迫を受けていながらも，意思表示をする時点では何も気づかずにいる。そして被害だと認識した時点では，不当な契約に拘束され続けることとなる。

そこで，意思あるいは動機の形成過程で，消費者が不当な干渉を受けたのなら，その結果締結した契約については，無効または取消しにより，いちはやく契約の拘束力から解放することが急務として指摘された。

さらに，近年では少子高齢化社会となり社会構造が大きな変化を遂げ，消費者被害の様相にも変化がみられる。無防備な消費者には

心の弱みにつけ込まれ様々かつ多くの被害が生じ，これに対応すべき規定が求められるようになった。

不当契約条項 　契約締結過程では何ら問題を生じなかった契約だとしても，実際に契約が履行される段階あるいは契約解除などの契約終了時に消費者に被害を認識させるのが，不当契約条項すなわち約款である。定型的取引が大量化かつ日常化したため，事業者があらかじめ契約条項すなわち約款を定めておきそれを契約に適用させているが，消費者は約款内容について交渉はおろか，提示されたとしても意味を理解せずに契約を締結していることがほとんどである（→20-22頁「約款とその規制」）。

　約款における不当契約条項も，契約締結過程の問題と同じく，情報量，交渉力の格差が前提となる。消費者は契約を締結するか，締結しないかの選択だけを迫られ，交渉の余地などないのが常である。すなわち消費者は契約条項の意味の説明を受けたとしても目の前の契約を締結することしか考えずにいる。そして契約内容にしばられることになるのである。思いもよらない不利な契約内容が，あるとき不意打ち的に立ちはだかるのはこのような仕組みによる。

　約款は，そもそも約款使用者たる事業者が，消費者にそれを提示し，内容を説明し，それを納得させた上で，契約内容とすべきものである。また，不意打ち的に使われる条項については，特にその存在を明示し，説明義務を尽くすことが，情報量・交渉力で優位な立場にある事業者に求められるべき姿勢である。しかし他方で，定型的な大量取引に伴い，このような義務の現実化は望めないとの実情もある。2020年4月1日から施行された民法（債権関係）改正法では，新たに定型約款規定が定められたが（民548条の2〜548条の4，→22・23頁「民法の定型約款の規定」），軸足がスムーズな取引に置かれており，これまで構築された約款理論は取り残され消費者保護の

観点からは遠い。それゆえ，消費者を一方的に不利にする条項を無効とすることがなお一層必要となり，無効条項を明らかにするためも本法の意義は大きい。

2　消費者契約法の内容

【Case 2-1】　車好きのＡは，２回目の車検が近くなり新車の購入を考えていた。ディーラーＢに下見に行ったが，以前から欲しいと思っていた車種の新車はなく，社員からは新車発表の予定もないとの説明をうけ，車種の買い換えを勧められた。１ヶ月後，Ａはやむを得ず勧められたとおりに契約を締結した。その１週間後，欲しかった車種の新車発表を知りＢに抗議したが，Ｂは契約当時には新車発表になることを知りようがなかったと主張した。Ａは売買契約を取り消したいが……。

１　目的，適用範囲

　市場経済は個人たる国民，消費者を置き去りにし，企業利益を中心に展開してきた。このような社会実情に対して，消費者契約法は改めて消費者の権利こそが重要であると明言した。すなわち，同法は，「消費者の利益の擁護を図り，もって国民生活の安定向上と国民経済の健全な発展に寄与することを目的とする」（１条）と定め，経済全体の基礎は，消費者の利益にあるとしている。

　また１条の冒頭では「消費者と事業者との間の情報の質及び量並びに交渉力の格差にかんがみ」と定め，消費者契約においては，当事者間の情報の質・量および契約交渉力の格差が前提であると指摘し，その意味でも，「消費者の利益」の一層の擁護を必要としている。

　次に，同法の適用範囲となる，「消費者」と「事業者」，「消費者

契約」、そして「適格消費者団体」の定義であるが、まず消費者とは「事業として又は事業のために契約の当事者」とならない「個人」としている（2条1項）。これは、契約の一方当事者の社会的属性にかかわりなく、個人消費として生活利益のために取引をすることを意味する。日常生活のために食料品や文房具の購入、自動車や贅沢品の購入、エステなどの役務提供契約、住宅建設の請負契約、スポーツクラブ入会契約など、ありとあらゆる契約における個人が対象となる。

その相手方たる「事業者」とは、「法人その他の団体及び事業として又は事業のために契約の当事者となる場合における個人」である（2条2項）。そして、これらの定義に該当する消費者と事業者との間で締結される契約が、同法の適用対象である「消費者契約」である（2条3項）。

税理士事務所を経営している税理士が家電量販店でパソコンを購入する場合は、消費者契約に該当するのだろうか。その税理士が家庭で家族が使うためのパソコンとして購入した場合には、消費者とみなされる。家庭で家族と共用して仕事にも使う場合には、家族用パソコンをたまたま仕事に使ったとしても消費者としての使用である。しかし、税理士が事務所の備品として購入しながら、家庭にそのパソコンを持ち込み使う場合には、事業者として購入したのであり、消費者契約法は適用されない。

「適格消費者団体」とは、多数消費者被害の救済のために差止め訴訟提起が認められている認定団体をいう。消費者被害救済の実績は大きい（→「**6** 消費者団体訴訟制度」および第10章「3 民事裁判による消費者被害の救済」）。

事業者と消費者には、それぞれ努力義務が定められている（3条）。事業者の努力義務の内容は2点ある。1つは、契約条項を作

成するにあたり，その解釈について疑義が生じない明確なもので，かつ平易なものとなるように努めることである。もう１つは，契約の目的となるものの性質に応じ，個々の消費者の知識・経験を考慮した上で必要な情報の提供に努めることである。2018年改正により，事業者の努力義務の内容が改正前に比して具体化されている。他方，消費者には，与えられた情報の活用と権利義務などについての理解に努めることが定められている。努力義務との文言ではあるが，事業者と消費者の間の情報の量と質に格差があることを前提として，事業者の努力を先決としていることからも，単なる努力目標ではなく，消費者から求められる説明内容に十分に応える義務として位置づけられていると解すべきである。また民事ルールとしての努力義務であるので，この規定に違反すると認められた場合には，信義則違反や不法行為として損害賠償を導きうる。

２ 消費者取消権（4条）

本法では，事業者の不当な「勧誘」により，消費者に誤認（4条1項・2項）や困惑（4条3項）を招いた場合の取消，ならびに4条4項の過量販売による契約の取消を認めている。

契約の取消しとは，取消権者が相手方に一方的に意思表示をすれば，相手はそれを受け入れざるを得ない制度である。消費者取消権では，4条の各要件を事業者が満たしていることを示しさえすれば，消費者は契約にかかる申込みあるいは承諾の意思表示を取消し，契約をしなかった状態に戻すことができる。

契約の契機はいずれも事業者の「勧誘」である。これは，消費者に契約締結の意思表示をさせようと働きかける，あらゆる種類のものを含み，口頭はもちろん，広告を含む文書，態度，電子的手段など想定しうるものはすべて含まれる。特に広告が勧誘に含まれるこ

とをクロレラチラシ事件で明言した意義は大きい（最高裁2017年1月24日判決，民集71-1-1）。

「誤認」類型は民法の錯誤（民95条）・詐欺（民96条1項）に対応し，「困惑」類型は民法の強迫（民96条1項）に対応するが，それぞれの要件は民法よりも射程を広くしている。4条3項3号以下該当行為は，近年の消費者被害に対応するために設けられている。

重要事項の不実告知 　誤認類型の1つ目の重要事項の不実告知とは，①事業者が重要事項について事実と異なることを告げ，②消費者はこれを事実と誤認し，③誤認により契約成立の意思表示をした場合である（4条1項1号）。

不実告知の前提となる「重要事項」とは，まず第1に，契約の対象物の内容そのもの（当該消費者契約の目的となるものの質，用途その他の内容）または当該対象物の取引条件（当該消費者契約の目的となるものの対価その他の取引条件）に関する事項である（4条5項）。不動産売買契約の場合ならば，前者は所在地，面積，周辺の環境などを意味し，後者は価格，支払方法などを意味する。そして第2に，それらの事項のうち，契約を締結するか否かの判断に通常影響を及ぼす事情である。日中は静かでも，深夜にはバイクが騒音をたてて通ることで有名な通りの場合などはこれに該当する。この「重要事項」の2つの要件は後述の「不利益事実の不告知」の場合の要件ともなる。そしてこの「重要事項」について，上の3つの要件が整えば，消費者は取消しができる。

①の「事実と異なること」とは，事業者のした表示が客観的に事実と異なるものであり，事業者の主観は問題とならない。したがって，事実と異なるか否かについて，事業者自身が事実を誤認していても，客観的状況により判断される。②の「消費者が事実と誤認」するとは，消費者が現実に誤認していれば，それが軽過失による場

合であっても，消費者の救済を目的とする本法の趣旨から，要件を満たすと解釈されなければならない。③は，「誤認」がなければ「意思表示」はなかったという因果関係が存在していることである。

【Case 2-1】では，新車の販売があればそれを購入したいとの強固な意思をＡが抱いており，まさにこれは重要事項に該当する。①から③の要件が充たされれば，Ａは取消ができる。

断定的判断の提供

誤認類型の２つ目の「断定的判断の提供」とは，①事業者が消費者契約の目的となるものに関し，将来における変動が不確実な事項につき断定的判断を提供し，②消費者がこの判断の内容が確実であると誤認し，③誤認により消費者が意思表示をした場合である（４条１項２号）。

【Case 2-2】 ボーナスの運用を考えていたＣに，証券会社Ｄから新規上場株式募集の案内書が郵送されてきた。興味をもったのでＣがＤに電話したところ，Ｄの社員から「この会社の上場を待っていたお客さんが多いし，ヒット商品を開発中なので必ず株価は値上がりします」といわれ，100株購入した。半年たったが全く値上がりせず，配当金もない。

断定的判断の提供における第一の要件①は，物品，権利，役務その他の当該契約の目的となるものに関して，将来におけるその価額や消費者が受けとるべき利益などについて，その変動が不確実であるにもかかわらず，確実であるかのように断言して契約を締結させる場合全般をいう。これは，金融商品に限定するものではなく，何らかの変動があるものを含む。例えば，絵画展で「この画家は人気が出てきており，今買うと将来財産的価値が高まる」などといわれて購入したが，人気は打ち止めで価値が上がらなかった場合なども該当する。事業者によって誤った判断が提供されたことにより，消費者が損害を受けたのなら，損害からの救済こそが法の趣旨であ

る。「絶対に」,「確実に」などの表現がなくても, 全体的に断定的
と判断されれば, 要件を満たす。

②は平均的消費者が, 断定的判断の内容を「誤認」することであ
り, 前述の重要事項の不実告知の場合と同様である。③も, 重要事
項の不実告知の場合と同様の因果関係である。

不利益事実の不告知 誤認類型の３つ目の不利益事実の不告知と
は, ①ある重要事項またはそれに関連する
事項について消費者の利益となる旨を告げ, かつ②その重要事項に
ついて消費者に不利益となる事実を故意または重過失によって伝え
なかったことにより, ③消費者がそのような不利益事実は存在しな
いと誤認し, ④誤認により意思表示をした場合である (4条2項)。

【Case 2-3】 E夫妻は, 格安中古住宅の広告に惹かれ, 現地見学に行っ
た。最新式の内装にリフォームされた物件だったが, 耐震性に不安を持
ち, 販売業者Fに耐震性能を確認したところ「しっかりしてある」とい
う回答を繰り返し得るだけで, 耐震性能証明書を発行しようとしな
かった。EはFの言葉を信じ, 売買契約書に署名捺印を済ませ, 入居
直前に耐震検査をしたところ, 震度5強で倒壊の恐れがあるとの結果を
得たため, 売買契約を取り消したい。

①は, 重要事項そのものでなくとも, 関連する事項について利益
告知した場合も含まれ, 告知内容の範囲は広くなっている。利益告
知の内容は, 消費者がそれをプラスに評価できる内容であれば, 経
済的利益に限定されない。消費者の意思の形成に強く働きかけた内
容であれば保護を要するとの趣旨である。②は, ①と相関関係にあ
る。ここでいう不利益となる事実とは, 利益となることを告げられ
たために, そのような不利益事実は通常存在しないと消費者が考え
るべきものに限られている。この不告知は事業者が「故意」にした

場合とされるが，不利益事実の存在を事業者が単に認識していれば
よく，害意までは必要ではない。また，消費者は不利益事実の存在
を知らないと事業者が認識していることも「故意」に含まれる。消
費者に事実を伝えるのが事業者の責務であるから，本来ならばあら
ゆる事実を事業者は情報提供義務に基づき，告知しなければならな
い。「故意」の不告知だけでなく「重過失」による不告知も対象と
なる。③は，上の①・②をふまえて，消費者が不利益事実は存在し
ないと誤認したことであり，④は，誤認と意思表示の間に因果関係
が存在することである。

　このようにみてみると，不利益事実の不告知では，実際には不利
益事実が存在するにもかかわらず，利益だけを告知するもので，黙
秘による不実告知に他ならない。因果関係は立証を待たないとも考
えられる。

| 不　退　去 | 消費者に取消権が認められるもう１つの類型は困惑 |

類型である。その１つ目の事業者の不退去とは，①
消費者が事業者に対し，住居等から退去すべき旨の意思表示をした
のにもかかわらず，②それらの場所から退去しないことにより，③
消費者が困惑して意思表示をした場合である（4条3項1号）。

【Case 2-4】　宝飾品販売人Ｇは，スポーツクラブで知り合ったＨ宅に
夜８時過ぎに訪れ，稀少だと言う真珠のネックレスの購入を強く勧め
た。Ｈは「買う気がないので帰ってくれ」と言ったが，Ｇは「是非
買って欲しい」と粘り，終電の時刻まで居座られたので，やむなく契約
書に署名・捺印した。

　不退去要件の①・②は，事業者が消費者の住居または職場に来
て，消費者に対する勧誘行為をし，消費者が事業者に「退去」を促
したにもかかわらず事業者が退去しなかったことである。退去を促

す行為は、「帰って下さい」という明らかな言動だけでなく、社会通念上そうした意思であるとみなされるものであればよい。③の消費者の困惑とは、事業者の不退去の行為により、困り悩むことをいう。民法上の強迫では意思表示をした者が「恐怖心」を抱いたことが必要だが、消費者契約法では「恐怖心」に至らなくとも、心理的動揺があれば認められる、より広い概念とされる。そして、困惑と意思表示の間に因果関係の存在が必要となる。

退去妨害（監禁） 困惑類型の2つ目の退去妨害とは、①消費者が勧誘されている場所から退去したい旨の意思を事業者に示したにもかかわらず、②事業者がその場所から消費者を退去させなかったことにより、③消費者が困惑して意思表示をした場合である（4条3項2号）。基本的には、不退去型に類似する。

【Case 2-5】 21歳のIは、街角で見知らぬJに無料の美肌診断を勧められた。診断をするという場所まで話しながら歩くうちに、Iはエステの勧誘だと気づき、別れて帰ろうとしたが、そのときにはJの同僚だというKも横にいて、強引にファミレスまで連れて行かれた。「エステに入会する気がないのなら、化粧品の購入だけでも」と執拗に勧められ、周囲の目も気になり、10万円の化粧品セットの購入契約をしてしまった。

退去妨害（監禁）の要件①・②は、勧誘されている場所から消費者が退去したいとの意思表示をしたが、契約の意思表示をするまで退去を許されなかったことである。勧誘されている場所は、事業者の事務所や宣伝会場だけでなく、路上や喫茶店など、勧誘に利用している場所を含む。妨害とは、暴力そのものや暴力を暗示するものによる場合だけでなく、引きとめられるなど、その状況において当該消費者が退去できない状況であれば足りる。③は、退去妨害にあたる事業者の言動により、消費者が「困惑」し、意思表示をしない

限り，退去妨害の状況が続くという，「困惑」と消費者の意思表示との間に因果関係が存在することである。

新たな取消類型　近年の改正により，実際に頻発している案件に対応すべく第4条には条文が加えられている。誘導型勧誘（同項3号），連絡妨害型勧誘（同項4号），つけ込み型勧誘（同項5号〜8号），未合意契約の先履行（同項9，10号），過量販売（4項）である。

　誘導型勧誘とは，事業者が①勧誘することを告げずに，②当該消費者が退去困難な場所へと同行し，③当該契約を勧誘した場合である（4条3項3号）。

> **【Case 2-6】**　駅前で信号待ちをしていたLはMからモデルのスカウトをされて，詳しい話をしたいからと見知らぬ事務所へ連れて行かれた。そこでは，モデルになるためにはエステを受けることが必要だからとMからエステサロンの入会契約を勧誘され，やむなく締結した。

　この場合の勧誘は，必ずしも威迫的に監禁されたのではないが，見知らぬ閉鎖的空間へ導かれたことが困惑原因となる。多発する同様の案件に対応可能である。

　連絡妨害型勧誘とは，消費者が第三者への相談を申し出たら，①事業者が威迫する言動を交え，②第三者への連絡を妨害した勧誘をいう。

> **【Case 2-7】**　Case2-6で，エステサロンの入会契約締結前に家族か友達に相談したいとLが申し出たところ，「ここまで丁寧に説明したのに他の人に相談したいとは，とても傷ついた。SNSにこのことを拡散する」と言われた上，スマホをとりあげられ，やむなく入会契約を締結した。

この場合は，威迫的言動は当該消費者を基準として威迫と契約締結との間に因果関係が認められる言動をいう。SNS での拡散については個人差がありうる。

つけ込み型勧誘とは，不安をあおる告知（同項5号），恋愛感情に乗じた人間関係の濫用（同項6号），加齢等による判断能力の低下の不当な利用（同項7号），霊感等による知見を用いた告知（同項8号）をいう。いずれも連絡妨害型勧誘や誘導型勧誘と同様に，個別具体的な案件が各号が示す要件に該当すれば取消権行使が可能である。

未合意契約の先履行とは，先履行型契約ではなく，消費者の側からすると単なる営業活動として事業者が行ったにすぎないと思われる行為を，事業者が債務の一部履行だと主張して支払を請求される場合のことである。

【Case 2-8】　水回りのリフォームを考えていた N は，ネットで見つけた業者 O に見積作成依頼のメールを送信した。翌日 O が突然 N 宅にやってきて必要箇所を確認したいと言ったので，やむを得ないと考えて見せた。見積作業が終わったと思って様子を見に行ったら，O は「シンク下の床部分が腐食していたので，張り替えておいた」と言って，その場で工事料金の請求をしてきた。見積を検討してから内装工事契約を締結するかどうかを決めるつもりだったので納得がいかない。

「見積作成」は契約締結前の準備行為段階にすぎず，また請負契約の債務としての修理の注文を消費者はしていない。それにもかかわらず，O は本来契約が締結されてから履行すべき内容を N に無断で行い，一方的に費用を請求している。原状回復が困難であっても，N は請求に応じる必要は全くない。しかし，業者からすでに一部を履行したと迫られた場面で，それを拒絶する意思の強さが消費者には期待できない。この状況を「困惑」として「契約取消権」

が認められた。

3 取消権の行使期間等

　以上の誤認および困惑による取消権の行使期間は，追認できる時から1年間，契約締結の時から5年とされている（7条1項）。

4 事業者の努力義務の拡充

　2022年の改正により，事業者には様々な努力義務が課せられるようになった。消費者からの契約解除に際しての情報提供（第3条1項，4号等），契約勧誘時の情報提供の際に事業者が知ることができた場合に消費者の（知識・経験に加え）年齢・心身の状態などに応じた情報提供（同条同項第2号），定型約款の表示請求権行使に関する情報提供（3条1項3号），損害額の算定根拠の説明（9条2項），適格消費者団体の契約条項の差止請求を受けて講じた措置の開示（12条の3～12条の5），等についてである。「努力」義務には留まるものの，明示されることの効果には期待したい。

5 不当条項の無効

【Case 2-9】　PはQホテルでの10ヶ月後の結婚式の契約をした。挙式については契約条項で，半年以上前の解約の場合には契約金額の50%，1ヶ月前の解約の場合には80%，当日の3日前以内の解約の場合には100%の解約料の定めがあった。また，ブライダル・エステも契約したが，そこには施術中に生じるいかなる肌トラブルについて，Qホテルの責任の上限を5万円とすると記されていた。

　Q1　エステ施術を数回受けた後，Pはアレルギーを発症し，入院と通院で10万円かかった。エステで使われた化粧品とアレルギーの関係の立証ができたにもかかわらず，QはQ側では因果関係は立証できなかったので契約条項通り5万円しか補償しないと主張す

る。契約条項に拘束されねばならないのか。

Q2　挙式契約の3ヶ月後に，婚約解消をしたので解約したいが，50％の解約金を支払わなければならないか。

　消費者契約法は，消費者に不当に不利益となる不当契約条項について内容規制をしている（8条～10条）。個別条項規制としては，債務不履行責任等の事業者の責任を免除する契約条項等を当然無効（ブラックリスト）と定め（8条），事業者が自分の責任を自ら決める条項の無効（8条，8条の2），消費者が制限行為能力者となった場合に事業者の解除権を定める条項の無効（8条の3），消費者が支払う賠償額の予定と違約金条項について，一定割合を超える場合の無効を定めている（9条）。これらの条項でもカバーしきれない消費者への不利益かつ信義則違反に対応するため，一般条項として無効基準を定めている（10条）。

債務不履行責任を全部免責する条項と一部免責する条項（8条1項1号・2号）

　まず，8条1項全体に共通して，債務不履行責任，不法行為責任および契約不適合責任のすべてについて，その有無の決定権限を事業者に与える条項を無効としている。そもそもが消費者の債権者としての権利を侵害しているから，無効は当然であるものの，明記した意義は大きい。

　同項1号では，事業者の債務不履行を原因とした消費者の損害を賠償する責任を全部免責することを内容とする契約条項の無効が特徴的である。ここで対象となるのは，債務不履行に伴う全責任を免責する条項であり，当該債務の性質次第で免責の範囲がすべてに及ばないとする約定があれば，1号ではなく2号に該当する。約定の文言が実質上損害賠償責任のすべてを免除する内容であれば無効と扱われうる。事業者の故意または重過失による債務不履行につい

て，その責任の一部を免責する条項は２号が対象とする。例えば事業者による損害賠償額を一定限度に制限している条項が，無効と扱われることとなる。

不法行為責任を全部免責する条項と一部免責する条項（８条１項３号・４号）

「債務の履行」に伴う事業者の不法行為責任を全部免責する条項も無効とされる。これは債務の履行そのものが不法行為の場合や，履行に伴う不法行為を含み，広く不法行為が行われた場合の救済を予定している。また，民法上の不法行為に限定されず，例えば製造物責任法による場合など，民法の特別法による不法行為も対象となる。特別法を除外し民法に限定することには理由がない。さらに，事業者の故意または重過失による不法行為について，その責任の一部を免責する条項も無効とされる。基本的な考え方は，債務不履行の一部免責条項と同様である。

軽過失による行為にのみ適用されることを明らかにしていない条項

８条には新たに３項が加えられた。免責条項であって，事業者の軽過失のみに適用されることを明らかにしていない条項は無効とされる。債務不履行，不法行為ともに重過失について責任を負わないことに不合理は考えがたい。それゆえに軽過失についての責任を負うことは当然の前提である。免責事項で軽過失について事業者の責任の有無を明らかにするのが本来の趣旨であるにもかかわらず責任の範囲を不明確にする条項は免責条項の無効を形骸化しかねない。「損害が事業者の軽過失に基づく場合には，賠償額は損害の１割までとします」という条項は有効であっても，「法律上許される限り，賠償額は損害の１割までとします」という条項は，「法律上許される限り」という条件によって責任範囲を不明確とするゆえに無効になる。

契約不適合責任を制限する条項（8条2項） 消費者契約が「有償契約」である場合に，目的物に内在する性質（種類・品質）によって，消費者が損害を受けた際の事業者の損害賠償責任の全部または一部を免責する条項も無効とされる。

「有償契約」とは対価性がある契約をいい，売買契約はもちろんのこと，利息付消費貸借契約，賃貸借契約，請負契約，寄託契約なども含まれる。

「内在する性質」とは，契約締結時にすでに存在していても，通常の消費者にはその時点では発見できなかったものをいう。消費者に目的物が引き渡された後になってはじめて契約不適合が判明した場合であっても，事業者の損害賠償責任を一切排除する特約は無効とされる。

この条項が適用除外となる場合もある（8条2項1号・2号）。代物の給付がなされる場合や，代金や報酬が減額される場合には，それらにより契約上予定された目的物と同等の給付を得られたこととなり，消費者の権利は侵害されたことにはならず，責任制限条項を無効とする必要はないという趣旨である。

消費者の解除権を放棄させる条項 事業者の債務不履行により生じた消費者の解除権は，債権者である消費者の当然の権利であり，民法上明らかである（民541条以下）。そのような権利を，予め放棄させる条項や，事業者に解除権の有無の決定権限を与える条項は，債務者の権利を越えた内容であり，当然に無効である。

後見開始の審判等による解除権付与条項（8条の3） 消費者が制限能力者になったところで，その保護者として法定代理人または代理人が就くのであり，取引に支障を及ぼすことにはならず，そのことを理由として事業者に契約解除権を与えるのは不合理である。それゆえに当該条項を無効と定めている。制限行為能力者が，

それ以外の人と等しく生活できるような社会を作るという，制限行為能力者制度の理念にも，このような条項を無効とすることはかなっている。

賠償額の予定・違約金条項（9条） 消費者契約の解除に伴う損害賠償の額を予定し，または違約金を定める条項で，それらを合算した額が，当該条項において設定された解除の事由，時期等の区分に応じ，その消費者契約と同種の契約の解除に伴い当該事業者に生ずるべき「平均的な損害の額」を超える場合，当該超える部分は無効とされる（9条1号）。あらゆる解約から生じる損害賠償の予定額や違約金条項に，この規定は適用される。損害賠償の予定と違約金は，厳密には性質が異なるが，本法では両者につき適用されるので，区別の実益はない。また，いずれも債務不履行に限定されず，あらゆる制裁金が対象となる。

「平均的な損害額」とは，ケース・バイ・ケースの損害額ではなく，同種の契約解除における損害額である。したがって一般的かつ客観的損害額をいい，その額を超える部分は無効となる。一連の学納金訴訟で示された，学納金のうち入学金を除く金額がこれにあたる（最判2006年11月27日，民集60巻9号3437頁など）。

また，金銭債務の履行遅滞に対する制裁金の制限も定められている。すなわち，消費者が金銭債務の全部または一部を支払期日までに支払わない場合の損害賠償の額を予定し，または違約金を定める条項で，それらの合算した額が，支払残額に年利14.6％を乗じて計算した額を超える場合，その超える部分は無効とされる（9条2号）。9条には2項が加えられ，前項の金額の算定根拠について消費者からの求めに応じて説明する努力義務が課せられた。

一般条項（10条） 不当条項をすべてリストアップするには限界があるので，いわゆる一般条項と呼ばれる包括的

な規定が置かれている。前半は,「消費者の不作為をもって……意思表示をしたものとみなす」とは, いわゆる無料お試し期間の後には自動的に契約が成立してしまうので, 契約の申込みをしない意思表示をしなくてはならないが, それを認識していない消費者に対して, 契約成立を迫る条項を無効と定める。後半が一般条項である。「公の秩序に関しない規定」とは「任意規定」のことをいい, 任意規定よりも消費者にとって不利益となる条項であることに加えて, 信義則違反を要件と定めている。任意規定よりも不利益となる条項を定めておくことこそが信義則違反であり, 事業者に求められる信義則の意義が重視されよう。

信義則に違反する場合は, 契約の各条項を含むあらゆる事情を考慮して判断される。その際, 基本となるのは, 本法の目的に定めてあるように, 情報力・交渉力の格差の程度や状況である。条項の内容が明確で理解しやすいか否か, 十分な説明がなされているか否かも, 各条項の不当性の判断基準となる。事業者は消費者に比べて契約上有利な立場にあることが常に前提である以上, 要求される信義則上の義務は当然に消費者に比べて重くなるといえよう。

6 消費者団体訴訟制度

消費者団体訴訟制度は, 諸外国ではすでに導入されており, 消費者契約法制定前から消費者の権利保護には不可欠の制度として提言されていた。消費者保護のための立法による事後的救済は可能であっても, 事業者による不当な行為に対する抑止力としては万全ではないとして, 消費者による差止請求のための団体訴訟制度が必要とされ, 差止請求権に限定された消費者団体訴訟制度が導入された。2008年には, 差止請求を景表法および特商法にも導入するに際して, 適格消費者団体の認定・監督および訴訟手続の一本化のた

め，新たに第12条の２が設けられた。

　差止請求権は「適格消費者団体」に認められる（12条）。差止対象となる不当行為は，事業者の不当勧誘（４条１項〜４項）と，不当条項の使用である（８条〜10条）。しかし，消費者契約法違反行為以外にも，より悪質と考えられる公序良俗違反（民90条）や詐欺・強迫（民96条）にあたる勧誘行為をも対象とすべきであり，また不当な契約条項については推奨行為も対象とすべきであった。後訴については他の適格消費者団体を当事者とする差止訴訟ですでに確定判決等が存在し，相手方事業者等が同一である場合でも，新事由の主張がなされれば裁判所は審理を行わなければならない。適格消費者団体勝訴の判決が確定しても他の適格消費者団体および被害を受けた消費者がこの判決を援用する制度が認められなかった点は不十分である。

　消費者団体訴訟を担う消費者団体とは，「適格消費者団体」に限られている。「適格消費者団体」になるには，特定非営利活動（NPO）法人または公益法人として設立された団体が，内閣総理大臣の認定を受けた場合である（13条３項１号）。この認定には更新制度の下，６年の有効期間が設定されている（17条）が，認定が取り消される場合もある（34条）。また，帳簿書類の作成・保存（30条）や財務諸表等の作成・備付・閲覧・提出などの他，毎事業年度，学識経験者による調査を受けなければならない（31条）。

3　消費者契約法の限界と課題

　消費者契約法は，2016年，2018年，2022年と改正が続いている。成年年齢の引下げへの顧慮と困惑類型の追加，また努力義務の拡充が大きな改正点である。困惑類型に関わり，不当寄附勧誘防止法も

制定され，2023年1月5日から施行された。一見，消費者民事ルールとしては充実した改正のようにも見受けられる。しかし，このような今回の改正に対しては，批判の声が高い。

　本法が消費者法の一般法であるゆえに，消費者取消権をそこに定めることは当然であるが，あくまでも「一般法」としての性質を反映すべきである。しかしながら，2018年の改正来その性質はかなり薄められており，消費者取消権についてはそういった傾向が特に顕著である。ここまで詳細な要件に限定する取消権が改正の都度加えられていては，逆に消費者取消権の適用範囲が狭まれかねない。より柔軟に，より広く，取消権の成立を認めうる条文である方が，消費者救済の道としてはふさわしい上に，消費者契約法の立法趣旨にも沿うものである。第4条第3項については，特にこの視点からの条文の組み直しこそが進められて然るべきであろう。

　事業者の努力義務が拡充されていることにも懸念を抱かざるを得ない。確かに改正法で義務を課された内容は事業者から消費者への歩み寄りが必要な内容であり，健全な消費社会を担う事業者に求められる義務である。しかし，法的義務ではなく努力義務にとどまっていては，義務の「拡充」にはリップサービス的な意味合いしか残らない。努力義務だからこそ履行が期待できるというのであれば，法的義務と位置づけることも可能だったのではないだろうか。昨今の立法のいわば「流行，トレンド」に則った改正にみえてしまう。少なくとも次の段階では法的義務へとレベルアップすることが射程範囲にあると考えたい。

　2022年度改正に関すると，事業者の「軽過失」に起因する損害からの免責であることを明らかにしていない条項が，消費者からの損害賠償請求を抑制しかねないために，無効となる条項に加えられたことは，ある程度の評価はできよう。しかし，「軽過失」であれば

免責できることを明示しているだけでその条項が有効とされることには疑問を禁じ得ない。まず，消費者には「軽過失」の有する法的意味を理解することはほぼ困難と考えられる。仮に「軽過失」の意味が理解できたとしても，事業者の過失が「軽過失」ならば免責されてしまうと契約に定めてあることを理由に，消費者は規定以上の損害賠償請求を諦めかねない。消費者の権利行使を抑制しないためにも，また「軽過失」の場合になされうる過失相殺の可能性に鑑みても，「軽過失の場合には，一部免責があります」などのような明示に止めるべき条項を促すべきと考える。

　以上のように，改正された本法には，看過できない問題点があまりにも多い。これに対して，私たちは訴える声を失ってはならない。本法は，消費者法全体の一般法であり，消費者保護の根本を定めるべき法である。社会全体からみて，その最小単位である消費者のための法律をこのような目先だけの改革に委ねていては，環境や社会が抱える問題にバランス良く取り組むことや，すべての人々が誰ひとり取り残されることなく尊重される社会の実現を目指しているSDGsの実現は，外観だけを整えることができても，実質的には空洞化してしまう。持続可能な経済成長に必要な健全な経済活動を消費者契約法が支え，そしてSDGsの一翼を担っているという事実への自覚を立法者には強く求める。そのためにも本法の理念，その立法趣旨を今一度喚起してもらいたい。

第**3**章 特定商取引法

1 立法の背景および改正の経緯

悪質商法いろいろ　消費者被害をひきおこす販売方法には，アポイントメントセールス，キャッチセールス，アンケート商法，催眠（SF）商法，送りつけ商法，点検・かたり商法，資格商法，内職商法，デート商法……など様々なものがある。これらの商法はいずれも，より多くの顧客により多くの商品・サービスを販売するために事業者が考案した販売方法である。（→**図表1 -1**（3頁））。

　店舗販売の場合は，消費者が買いたい商品を販売しているお店に出かけて行くという具合に比較的主体的に行動しているのに対し，上記のような販売方法では，家庭や職場に突然，販売員が訪問してきたり電話をかけてきたり，あるいは街頭で声をかけられるというように，消費者にとっては不意打ち的である。しかも，家の玄関先や電話でのやり取り，あるいは連れて行かれたサロン・事務所などでは他人の目が届かないため，販売員による強引な勧誘が行われやすく，消費者は断りにくいという問題がある。実際に，巧みなセールストークや詐欺的あるいは強迫的な勧誘行為により消費者が不本意な契約を結ばされる被害が多数生じているのである。

特定商取引法の変遷　「特定商取引に関する法律」（以下，特商法）の前身は「訪問販売等に関する法律」といい，1976年の制定当初は「訪問販売」，「通信販売」，「送り付け商

法」，「連鎖販売取引」を規制対象としていた。第2章で述べた消費者契約法が事業者と消費者との間の契約（消費者契約）一般を対象とし，民事ルールを定めるのに対し，同法は，消費者トラブルの多発した取引類型を対象とし，事業者に対する行為規制や行政による処分などの行政規制と，クーリング・オフなどの民事規定とを併せもつ構成となっている。

　そのような性質ゆえに，新たに消費者被害が多発した取引類型を規制対象とするべく，同法はたびたび法改正が行われてきた。そのうち主なものを押さえておくと，1988年改正では「訪問販売」の概念をキャッチセールスやアポイントメントセールス等にまで拡大するとともに，指定商品制の対象を商品だけでなくサービスに拡大し，クーリング・オフ期間も7日から8日間に延長した。

　1996年改正では「電話勧誘販売」も規制対象に加えられ，1999年改正では英会話教室やエステなどのサービス取引での被害多発を受けて継続的なサービス取引（「特定継続的役務提供」）が規制対象に追加された。また，2000年にはいわゆる内職・モニター商法による被害の多発を受けて，それらの商法を「業務提供誘引販売取引」として規制対象に追加するとともに，法律の名称を「特定商取引に関する法律」に改称した。さらに，点検商法やデート商法などのように勧誘目的を隠して消費者に近づく商法や，クーリング・オフ権行使を妨害する悪質事業者による被害が多く発生したことから，2004年改正では訪問販売に関する規制を強化した。また，マルチ商法被害の拡大・深刻化に対処するべく，連鎖販売取引の規制も強化した。

　さらに，高齢者宅を対象とした訪問販売による高額リフォーム詐欺や次々販売等の悪質商法が社会問題化したことを契機に，2008年には，過量販売による契約の解除権の創設，訪問販売等の指定商品・役務制の廃止，未承諾の電子メール広告の送信禁止，通信販売

の返品ルールの明確化（契約解除制度の創設），適格消費者団体の差止請求権の導入が行われた。また，2010年頃から，買取業者が突然消費者宅に押しかけ，貴金属等を強引に買い取っていく，いわゆる「押し買い」による被害が急増したことを受け，2012年改正で「訪問購入」を規制対象に追加した。ついで，2016年改正では，高齢社会の進行，悪質事業者の手口の巧妙化等に対応するため，訪問販売等に対する規制強化（指定権利の拡大，禁止行為の追加，取消権の行使期間の伸長），電話勧誘販売への過量販売規制の導入，特定継続的役務提供への美容医療契約の追加，通信販売における規制強化，悪質事業者に対する規制強化（業務禁止命令の新設，業務停止命令の期間の伸長，罰則の引上げ等）が行われた。さらに，詐欺的な定期購入契約によるトラブルの急増や，送り付け商法の被害が依然として多いことから，2021年改正ではこれらに対する規制の強化がなされた。

2　規制対象となる取引ごとの規制内容

【Case 3-1】　Ａ宅に事業者Ｂがやって来て，「床下の無料点検サービスをしています」と言われたため頼んだところ，床下にもぐった後，「カビや湿気がひどく，このままにしておくと家が倒れてしまいます！」と言って床下換気扇の取り付けと調湿剤の散布を勧められた。心配になったＡはＢに工事を依頼したところ，工事完了後に50万円を請求された。その場では仕方なく支払いに合意したが，後日，知り合いに床下を見てもらうと，家が倒れる心配はなく，また工事もいい加減なものであることが判明した。そこでＡはＢにクーリング・オフの申出をしたが，すでに工事が完了しているのでクーリング・オフはできないといわれた。Ａは支払いを拒否できるか。

【Case 3-2】　Ｃは，駅前の繁華街を歩いていたところ，「アンケートに

答えてくれたら粗品を差し上げます」とＤ社の販売員から声をかけられ，アンケートに答えていると，さらに「無料でお肌の診断をしてあげる」と近くのビルの事務所に連れて行かれた。そしてお肌の診断を受けた後に，化粧品の購入を強く勧められたため，断りきれずに契約書にサインしてしまった。化粧品は７点セットで20万円，分割払いである。数日たって，Ｃは，断りきれずに契約してしまったものの20万円もする化粧品セットは高額すぎるため，やはり購入を取りやめたいと考えた。そこでＤにクーリング・オフを申し出たところ，勧誘時に化粧品７点セットのうちの２点を販売員に勧められるままに開封し使用していたためクーリング・オフはできないといわれた。ＣはＤのこの説明を信用し諦めてしまったため８日を経過してしまったが，クーリング・オフできるか。

1　訪問販売，電話勧誘販売

定　義（2条1項，3項）　本法において「訪問販売」とは，販売業者または役務提供事業者（以下，「販売業者等」という）が，営業所等以外の場所において行う，または営業所等以外の場所で消費者を呼び止めるなどして営業所等に同行させて行う商品もしくは指定権利の売買契約，または役務の提供契約（以下，「商品等の売買契約等」という）をいう（2条1項1号・2号）。

　いわゆる訪問販売は前者の「営業所以外の場所において行う」販売契約等に該当し，アポイントメントセールスやキャッチセールスのように電話や街頭での呼びかけにより消費者を店舗などに来させて勧誘する場合は後者の「営業所以外の場所で消費者を呼び止めて……」に該当する。【Case 3-1】はいわゆる点検商法といわれるもので前者に該当し，【Case 3-2】はキャッチセールスであるため後者に該当する。なお，後者については，政令で，消費者の来訪を誘引する方法として従来の電話，郵便，FAX，電子メール，ビラ・

パンフレットの配布等の他に，SNSのメッセージ機能等によるもの等も指定されており（施行規則11条の2第3号），SNSを利用したアポイントメントセールスなども対象となる。

次に，「電話勧誘販売」とは，販売業者等が電話をかけ，または政令で定める方法で消費者に電話をかけさせて，その電話で販売業者等が勧誘し，消費者からの郵便等による申込みにより締結した商品等の売買契約等をいう（2条3項）。

販売業者から消費者に電話をかけてきた場合はもちろん，あらかじめ電話，郵便，メールにより，またはビラやパンフレットを配布して（施行令2条）消費者から電話をかけるように仕向けた場合も含まれる。いずれの場合でも，その電話で勧誘がなされ，その勧誘によって消費者が契約の申込み等を行う必要がある。

消費者からの申込み方法の「郵便等」とは，(a)郵便又は信書便，(b)電話機，ファクシミリ装置その他の通信機器または情報処理の用に供する機器を利用する方法，(c)電報，(d)預金または貯金の口座に対する払込みを指す（施行規則2条）。したがって，販売業者等による電話での勧誘行為の後に，消費者が，上記(a)～(d)の方法により契約の申込みをした場合は電話勧誘販売に該当する。

指定商品制の廃止　特商法では従来，訪問販売および電話勧誘販売による取引のすべてが規制対象となるのではなく，それらのうち政令で指定された商品，権利，役務に関する取引のみが規制対象とされていた。これを指定商品・指定権利・指定役務制という。逆にいえば，訪問販売による取引でも，指定商品等の売買でなければ，後述のクーリング・オフ権等を行使できなかったのである。指定商品等は政令で指定していたため，大規模被害が出たものを事後的に指定せざるをえず，規制が後追い的となり悪質業者とのイタチゴッコが解消されないとして，立法当時から批

図表 3‐1　訪問販売等の特定権利

1	施設を利用し又は役務の提供を受ける権利のうち国民の日常生活に係る取引において販売されるもの（政令で規定）	
	1）	保養のための施設又はスポーツ施設を利用する権利
	2）	映画，演劇，音楽，スポーツ，写真又は絵画，彫刻その他の美術工芸品を鑑賞し，又は観覧する権利
	3）	語学の教授を受ける権利
2	社債その他の金銭債権	
3	株式会社の株式，持分会社の社員の持分等	

判されてきたが，2008年改正で商品，役務については政令指定制が廃止され，権利のみが指定制の下に残された。指定権利については，訪問販売や電話勧誘販売を用いた詐欺的投資勧誘による被害の増加を受け，2016年改正以降，社債や未公開株等の一定の権利を新たに規制対象として追加し，「特定権利」と位置づけられている（→**図表 3‐1**）。

適用除外（26条）　指定制が廃止されたため，本法は原則としてすべての商品，役務に関する訪問販売等に対し適用されることとなったが，適用を除外するものについては法律，政令で定めている。例えば，(a)当該契約が本人にとって営業のための売買契約等である場合，(b)弁護士法，金融商品取引法，宅地建物取引業法，旅行業法などで規定する役務の提供等，(c)その他，他の法律の規定によって購入者等の利益を保護することができると認められる取引（金融取引，通信・放送，運輸，法律に基づく国家資格を得て行う業務に関するもの等，施行令5条，別表第二）である。また，(d)消費者から事業者に訪問や電話をかけることを要請した場合，(e)露天商や御用聞き販売など従来から利用されているもの（施行令8条）についても適用されない。

主な規制内容 訪問販売および電話勧誘販売に対する規制内容は
おおむね同様であるため，ここではまとめて説明
する。主な規制内容は**図表3-2**のとおりである。以下，詳しくみて
いこう（（　）内は訪問販売に関する条文，〔　〕内は電話勧誘販売に関す
る条文）。

①　事業者名等の明示義務（3条）〔16条〕

突然の訪問や電話の場合，消費者にとっては誰が何の目的で近づ
いてきたのか明らかではないため，販売業者等は，訪問販売あるい
は電話勧誘販売（以下，「訪問販売等」という）の勧誘をする際には，
消費者に対し，事業者名，勧誘目的であること，販売する商品等の
種類を明示しなくてはならない。なお，これに違反した場合，後述
⑨の行政処分の対象となる。

【Case 3-1】では，BはAに「無料点検」とだけ言って販売目的
を告げていないため，同条に違反していると考えられる。

②　再勧誘の禁止等（3条の2）〔17条〕

一度断っても何度もしつこく訪問・電話して勧誘を繰り返す悪質
な販売業者等に対する規制として，契約を締結しない旨の意思表示
をした消費者に対し再勧誘してはならないこととされている。加え
て，訪問販売では販売業者等は，消費者に対し勧誘を受ける意思が
あることを確認する努力義務が課されている。しかし，訪問販売に
よる被害が後を絶たないことからも，そもそも消費者が望んでいな
い訪問は許すべきではなく，意思確認の努力義務よりも不招請勧誘
じたいを禁止すべきであろう。

③　契約内容を明らかにする書面の交付義務（4条，5条）〔18条，
19条〕〔承諾等の通知：20条〕

訪問販売等ではセールスマンによる巧みなセールストークにみら
れるように口頭での説明が中心で，契約の内容が消費者にとって必

図表 3－2　特商法の主な規制内容

	I 訪問販売	II 電話勧誘販売	III 特定継続的役務提供	IV 業務提供誘引販売	V 訪問購入（2012年改正で追加）	VI 通信販売	VII 連鎖販売取引
定義・適用要件	2条1項 特定権利制	2条3項 特定権利制	41条 6業種（指定期間・金額の要件）	51条	58条の4	2条2項 特定権利制	33条
事業者名等の明示義務	○（3条）	○（16条）	—	○（51条の2）	○（58条の5）	—	○（33条の2）
再勧誘等の禁止、不招請勧誘の禁止	○（再勧誘の禁止・3条の2）	○（再勧誘の禁止・17条）	—	—	○（不招請勧誘の禁止・再勧誘の禁止・58条の6）	—	—
書面交付義務	○（申込書面・4条、契約書面・5条）	○（18、19条）	○（42条）	○（55条）	○（58条の7、58条の8）	○（前払式の承諾通知・13条）	○（37条）
不当な勧誘行為の禁止	○（6条）	○（21条）	○（44条）	○（52条）	○（58条の7、58条の10）	—	○（34条）
広告に表示すべき事項	—	—	—	○（53条）	—	○（11条、12条の6第1項）	○（35条）
誇大広告の禁止	—	—	○（43条）	○（54条）	—	○（12条）	○（36条）
未承諾のメール広告・ファクシミリ広告の送信禁止	—	—	—	○（メール広告規制・54条の3、4）	—	○（メール広告規制・12条の3、4、ファクシミリ広告規制・12条の5）	○（メール広告規制・36条の3）
クーリング・オフ	○（8日以内・9条）	○（8日以内・24条）	○（8日以内・48条）	○（20日以内・58条）	○（8日以内・58条の14、物品の引渡拒絶・58条の15）	—	○（20日以内・40条）
過量販売による契約の解除権	○（9条の2）	○（24条の2）	—	—	—	—	—
不実告知による契約の取消権	○（9条の3）	○（24条の3）	○（49条の2）	○（58条の2）	—	—	○（40条の3）
中途解約権、損害賠償額の制限	○（損害賠償額等の制限・10条）	○（損害賠償額等の制限・25条）	○（中途解約権・解約手数料上限規定・49条）	○（損害賠償額の制限・58条の3）	—	—	○（中途解約権・1年以内の解約・40条の2）
合理的根拠を示す資料の提出	○（不実告知・6条の2）	○（不実告知・21条の2）	○（不実告知・44条の2、誇大広告・43条の2）	○（不実告知・52条の2、誇大広告・54条の2）	—	○（誇大広告・12条の2）	○（不実告知・34条の2、誇大広告・36条の2）
行政による監督制度	○（指示・7条、業務停止・8条、業務禁止・8条の2、報告・検査・66条）	○（22条、23条、23条の2、66条）	○（46条、47条、47条の2、66条）	○（56条、57条、57条の2、66条）	○（58条の12、58条の13、58条の13の2、66条）	○（14条、15条、15条の2、66条）	○（38条、39条、39条の2、66条）
差止請求権	○（58条の18）	○（58条の20）	○（58条の22）	○（58条の23）	○（58条の24）	○（58条の19）	○（58条の21）
主務大臣に対する申し出制度（60条）	○	○	○	○	○	○	○
その他	—	—	事務所への書面の備付義務（45条）	—	物品の引渡拒絶に関する営業所等以外の場所への物品引渡時の通知義務（対消費者：58条の11、対第三者：58条の11の2）	特定申込画面における誤認表示・不実告知の禁止（12条の6第2項、6条2項）、13条の2、申込みの撤回又は解除を妨げるための不実告知の禁止（14条）、誤認に基づく契約の取消権（15条の4）	—

ずしも正確に認識されていない場合があるため，後日，トラブルとなることも多い。そこで，販売業者等は，消費者から契約の申込みを受けたときあるいは契約を締結したときには，契約内容を記載した書面を交付することが義務づけられている（4条・18条＝申込書面，5条・19条＝契約書面）。この書面に記載すべき事項は，商品等の種類・販売価格，代金の支払時期および方法，商品の引渡時期等，クーリング・オフに関する事項，その他主務省令で定める事項（販売業者等の名称・住所等，担当者名，契約締結の年月日，商品名，商品の数量，契約解除に関する特約等：施行規則3条〜6条）などである。

　なお，2021年改正により，事業者は，消費者の承諾があれば，書面の交付に代えて，当該書面に記載すべき事項を電磁的方法により提供することが可能となった。すなわち，事業者は消費者に対し事前に説明をし，承諾を得られれば，契約書面の交付に替えて，メールでのデータ送信やウェブサイト上で閲覧・ダウンロードしてもらうなどの方法での書面記載事項の提供が認められることとなった（4条2項，5条3項他）。電磁的方法による提供の場合，消費者のスマホ・タブレット等のファイルに記録された時に到達（交付）したものとみなされる（4条3項他）（事前説明，承諾の手続き等の詳細については，「契約書面等に記載すべき事項の電磁的方法による提供に係るガイドライン」を参照）。

　スマホやタブレットを利用していても，メールの添付ファイルを開封・保存する作業等ができない，あるいは慣れていない消費者も多いと考えられることから，メールでのデータ送信等による提供は消費者にとって不利益が生じることが懸念される。事業者側の丁寧な対応とともに消費者の慎重な判断が望まれる。

　ところで，民法の原則によれば，消費者が契約を結ぶ場合であっても，通常は合意があれば口頭でも契約は有効に成立する。契約書

の作成は必ずしも契約の成立要件ではないからである。ただ，訪問販売等の場合は，契約内容を明確にする必要から，本法により販売業者等に書面交付義務を課しているのである。なお，後述のように，この法定書面交付の日はクーリング・オフの起算日とされているため，販売業者等は書面交付を怠ると，消費者からクーリング・オフされる可能性が残り続けることとなる。

この書面交付義務に違反すると，後述⑨の行政処分の対象となるとともに罰則（6カ月以下の懲役又は100万円以下の罰金，併科もあり）が科せられる（71条1号）。

④　不当な勧誘行為の禁止（6条）〔21条〕

販売業者等は不当な勧誘行為が禁止されている。禁止されている行為としては，(a)契約締結の勧誘に際し，または契約解除等を妨げるため，契約にかかる重要な事項〔ⅰ）商品の種類・品質等，ⅱ）販売価格等，ⅲ）支払時期および方法，ⅳ）商品の引渡時期等，ⅴ）クーリング・オフに関する事項，ⅵ）契約締結を必要とする事情に関する事項，ⅶ）その他消費者の判断に影響を及ぼす重要事項〕について「不実のことを告げる行為」（6条1項），すなわち嘘をついて勧誘する行為，および(b)契約締結の勧誘に際して，上記ⅰ）〜ⅴ）の事項について「故意に事実を告げない行為」（6条2項），すなわちそれらの事項を知りながら正確な説明をしない行為，(c)契約を締結させるため，またはその撤回・解除を妨げるために消費者を「威迫して困惑させる行為」（6条3項），すなわち脅したり，長時間の説得などで困らせて契約の締結を迫るなどの行為，(d)「契約の勧誘目的であることを隠して近づき，公衆の出入りする場所以外の場所で契約の勧誘をする行為」（6条4項）である。(d)は，例えば，街頭で「アンケートに答えて下さい」などと消費者に声をかけ，通常の店舗ではないビルの一室などに連れて行き勧誘するキャッチセールスや，商

品の無料説明会・日用品の安売り会場などの名目で消費者を狭い会議室などに集めて高額な羽毛布団などを買わせる催眠商法などがこれに該当する。

【Case 3-2】では，販売員が販売目的を隠して C を店舗以外の閉鎖的な場所に連れて行き勧誘しているため，(d)の禁止行為に該当するといえよう。

なお，主務大臣は，商品の種類・品質等につき不実のことを告げる行為をしたか否かを判断するために必要であれば，販売業者等に対し，期間を定めて，消費者に告げた事項の裏づけとなる合理的な根拠を示す資料の提出を求めることができる。販売業者等がこれを提出しないときは，当該販売業者等に不実告知行為があったものとみなされる（6条の2）〔21条の2〕。

(a)〜(d)の禁止行為に違反した場合は，後述⑨の行政処分の対象となるとともに刑罰が科される（3年以下の懲役または300万円以下の罰金，併科もあり：70条）。

⑤　クーリング・オフ（9条）〔24条〕

民法の原則によれば，一度成立した契約は拘束力を有し，契約当事者はこれを簡単に解除することはできない。しかし，訪問販売等では，消費者は突然，販売員から勧誘を受け，巧みなセールストークで，場合によっては強引に契約を締結させられる場合も少なくない。当事者の意思が十全でない場合，民法の詐欺，強迫，錯誤などの規定に基づき契約の取消しをすることも可能であるが，実際に上記のような場合に消費者がこれらの規定を活用することは，立証の点等できわめて難しい。そこで，本法では，訪問販売等の場合に限り，このような不本意な契約の拘束から消費者を解放するため，契約締結後一定期間内であれば，消費者が熟慮の上これを解除したいと希望した場合に一切の負担を負うことなく，契約の拘束力から免

れる権利を認めたのである。

　第2章で述べた消費者契約法においても，事業者の不当な勧誘行為により消費者が誤認に陥り，あるいは困惑して締結した契約を一定期間内であれば取り消すことができる。クーリング・オフは販売方法や行使期間に限定があるものの，理由の如何を問わず何ら負担を負うことなく解除できる点で消費者に有利な制度である。

　(a)　消費者は，前述③の法定の契約書面または電磁的方法による契約事項の提供（法定の記載事項がすべて記載されているもの）を受け取った日から8日以内であれば，契約を無条件で解除することができる。何ら理由を問わず，費用負担もなく一方的に解除できる（9条1項）。通常は一度結んだ契約を解除するにはいわゆる解約損料・違約金（損害賠償）を支払わなければならないが，クーリング・オフではその必要はない（同条3項）。商品等の返送にかかる費用も事業者の負担である（同条4項）。すでに商品が引き渡されたり，役務が提供された場合でも，事業者側は消費者に対し，商品の使用料や役務の対価を請求することはできない（同条5項）。また，事業者が代金の一部等をすでに受領している場合はすみやかに消費者に返還しなければならない（同条6項）。さらに，例えば住宅リフォームのように，サービスの提供契約で土地や建物その他の工作物の原状が変更されたときは，消費者は，事業者に対し無償で元通りに（＝原状回復）するよう要求することができる（同条7項）。そして，これらの規定に反する特約で消費者に不利なものは無効である（同条8項）。

　したがって，【Case 3-1】では，Aは工事が完了していても，法定の契約書面受領から8日以内であればクーリング・オフをすることができ，床下も工事前の状態に戻すよう要求することができる。

　(b)　クーリング・オフの申出は販売業者等に対して書面または電

磁的記録により行う（書き方は，→資料編② クーリング・オフ通知の記載例）。「電磁的記録」とは，例えば電子メール，USB メモリ等の記録媒体，事業者が自社のウェブサイトに設けるクーリング・オフ専用フォームなどをいい，2021年改正によりこれらによるクーリング・オフの通知も可能となった。電話でのクーリング・オフも有効と認められた判例もあるが（福岡高判1994年 8 月31日判時1530号64頁），後日争いになることを避け，証拠を残すために，書面の場合はコピーをとり，特定記録郵便または簡易書留で送付する方がよい（郵便の種類，利用方法等については，郵便局のホームページを参照のこと）。また，電磁的記録による場合は，送信メールの保存やウェブサイト上の専用フォーム画面のスクリーンショットを残しておくことが望ましい。

　クーリング・オフの通知は，法定の契約書面受領の日から 8 日以内に発信すればよく， 8 日以内に事業者の元に到着する必要はない。これを発信主義という（9 条 2 項）。なお，契約書面受領の日から 8 日間という場合，民法の初日不算入の原則とは異なり，書面を受け取った日を 1 日目として計算することとされている点も注意を要する。さらに，事業者は前述の③で示した事項を契約書面に記載することが義務づけられている（クーリング・オフについては一定以上の大きさの活字を用いて赤枠内に赤字で明示するように決められている）ため，それらが記載された契約書面が交付されていなければ，交付された日からあらためて日数を計算することとなる。

　(c) 悪質な事業者によるクーリング・オフ行使の妨害行為に対しては，事実上，行使期間を延長する規定が置かれている（9 条 1 項但書）。すなわち，事業者が前述の④の禁止行為に違反して，クーリング・オフに関し不実の事を告げ消費者を誤認させることにより，または消費者を威迫して困惑させることにより，当初の期間内

に消費者がクーリング・オフを行使することを妨害したときは，クーリング・オフ期間が延長される。その場合，当該事業者は改めてクーリング・オフに関する事項等を記載した書面を，口頭での説明とともに消費者に交付する必要があり，消費者はその日より8日以内であればクーリング・オフできる（施行規則7条の5）。

(d) クーリング・オフができない商品，役務もあるので注意が必要である（26条2項〜5項）。

主なものとしてまず第1は，「その全部の履行が契約の締結後直ちに行われることが通例である役務の提供」で政令で定めるものにつき，契約締結後ただちに履行された場合である。具体的には営業所等以外の場所における勧誘を契機として行われる海上タクシー，飲食店での飲食，あん摩・マッサージ・指圧，カラオケボックスなどの役務提供が指定されている（同条3項，施行令6条）。第2は，「その販売条件等についての交渉が相当の期間にわたり行われることが通常の取引の態様である商品又は役務」であり，自動車（商品）および自動車リース（役務）である（同条4項1号，施行令6条の2）。第3は，「契約の締結後速やかに提供されない場合には，消費者の利益を著しく害するおそれがある役務」であり，具体的には電気，都市ガス，熱の供給，葬儀に関する役務提供である（同条同項2号，施行令6条の3）。そして第4は，「その使用若しくは一部の消費により価額が著しく減少するおそれがある商品」として政令指定されているものを使用・消費したときであり，健康食品，不織布，衛生用品，化粧品等の8類型が指定されている（→**図表3-3**，同条5項1号，施行令6条の4別表第3）。

8類型の商品については，販売業者から交付された書面に，使用・消費した場合はクーリング・オフできなくなる旨の記載があり，かつ，消費者が自分から使用した場合はクーリング・オフでき

図表 3-3　使用・消費した場合にクーリング・オフできない商品

1	動物および植物の加工品（一般の飲食の用に供されないものに限る）であって，人が摂取するもの（医薬品を除く）
2	不織布および幅が13センチメートル以上の織物
3	コンドームおよび生理用品
4	防虫剤，殺虫剤，防臭剤および脱臭剤（医薬品を除く）
5	化粧品，毛髪用剤および石鹸（医薬品を除く），浴用剤，合成洗剤，洗浄剤，つや出し剤，ワックス，靴クリームならびに歯ブラシ
6	履物
7	壁紙
8	医薬品医療機器等法第31条に規定する配置販売業者が配置した医薬品

ない。ただし，化粧品等をセットで買って，いくつかあるなかの1瓶だけ開けてしまったような場合，他の瓶はクーリング・オフできる。「セット販売なので1瓶開けたらセット全体がダメになる」などの口実でクーリング・オフを妨害する販売業者もあるが，1瓶ごとにクーリング・オフ可能である（同種の商品が通常市販されているときの小売最小単位が基準）。また，化粧品のセールスなどで，化粧の仕方の指導と称して販売員が故意に消費者に瓶を開けさせ，使用させる手口がみられるが，そのような場合にも消費者はクーリング・オフ可能である（26条5項1号かっこ書）。したがって，【Case 3-2】では，化粧品は上記の使用・消費により価額が著しく減少する商品にあたるが，Cは販売員に勧められて化粧品を開封しているため，開封したものも含めてクーリング・オフ可能である。またDがCにクーリング・オフできないと説明している点はクーリング・オフの妨害にあたるため，Dが再度Cにクーリング・オフに関する事項等を記載した書面を，口頭での説明とともに交付した日より8日間はクーリング・オフできる。なお，いわゆる生鮮食料品

等も、「相当の期間品質を保持することが難しく、品質の低下により価額が著しく減少するおそれがある商品」であるためクーリング・オフはできない（26条5項2号）。

さらに第5に、3,000円未満の現金取引の場合である（26条5項3号、施行令7条）。訪問販売などで、契約締結後直ちに商品を受け取り、あるいは役務の提供を受け、代金を支払ってしまった場合で、その商品等の対価の総額が3,000円未満の場合もクーリング・オフできないので注意が必要である。

⑥　過量販売による契約の解除（9条の2）〔24条の2〕

2005年頃から、高齢者などで判断能力が不十分な消費者に対し、呉服、ふとん、健康食品などを次から次へと売りつける、いわゆる次々販売による被害が増加した。例えば、1人暮らしの高齢者にふとん10組、あるいは浄水器を4台も購入させた例、1人の消費者に高額の呉服を数十着も購入させた例もある。クーリング・オフ期間内であればクーリング・オフも可能だが、この期間を過ぎると、従来は単に不要な商品を大量に売りつけられたというだけでは契約解除はできなかった。また、このような商法では、不当な勧誘行為により契約させられる場合も多く、契約の取消しも可能であるが（→後述⑦）、とりわけ判断能力が不十分な高齢者などの場合は不当な勧誘行為が行われたことの立証じたいが困難である。

そこで、法改正によりいわゆる過量販売に対する規制が導入され（2008年）、2016年改正で電話勧誘販売にも拡大された。正当な理由なく、「日常生活において通常必要とされる分量を著しく超える商品」の売買契約等の締結を勧誘する行為については行政処分（主務大臣の指示、業務停止命令等）の対象とされ（7条1項4号、8条1項等→後述⑨）、そのような過量な商品の売買契約等については、消費者に契約締結を必要とする特別の事情がなければ、契約締結後1年間

は契約を解除することができる（9条の2第1項1号・2項）。過量販売は同一事業者によって行われる場合も，複数の販売業者によって行われる場合（消費者がすでに同種の商品を十分購入していることを知りながら，自らもあえて同種の商品を大量に購入させる場合）もあるが，本条は両者に適用される（同条1項2号）。

なお，契約解除の際の清算方法等はクーリング・オフの規定が準用される（同条3項）。したがって，いわゆる解約損料・違約金を支払う必要はないし，商品等の返送にかかる費用も事業者の負担である。すでに商品の引渡しや役務の提供が終了している場合も，事業者側は消費者に対し，商品の使用料や役務の対価を請求することはできず，事業者が代金の一部等をすでに受領している場合はすみやかに消費者に返還しなければならない。さらに，サービスの提供契約で土地や建物その他の工作物の現状が変更されたときは，消費者は，事業者に対し無償で原状回復するよう要求することができる。

また，次々販売などの悪質商法は，クレジット契約，とりわけ個別信用購入あつせん契約と結びつくことにより被害の高額化をひきおこしていることから，特商法と同時に行われた割販法改正により，個別信用購入あつせん契約についても過量販売による契約の解除権が導入された（→第4章・3 割賦販売法）。

⑦ 禁止行為違反の勧誘による契約の取消権（9条の3）〔24条の3〕

本条は不当な勧誘行為により消費者が誤認をし，それによって契約を締結してしまった場合に取消しを認めるというもので，消契法の規定と同趣旨である（消費者契約法については→第2章）。

具体的には，前述④（不当な勧誘行為の禁止）のうち，契約にかかる重要な事項について(a)「不実のことを告げる行為」により消費者が告げられた内容が事実であると誤認して，または，(b)「故意に事実を告げない行為」により当該事実が存在しないと誤認して，契約

を締結した場合に当該契約を取り消すことができる。この取消権は，消契法と同様，追認することができる時から1年，または契約締結の時から5年を経過した場合は時効により消滅する（9条の3第4項）。

【Case 3-1】では，Aは「このままでは家が倒れる」というBのうそを信じて契約しており，クーリング・オフ期間を過ぎていた場合でも，本条に基づき契約を取り消すことができる。

なおここで，(b)の事実の不告知の要件が，消契法では重要事項について「消費者の利益となる旨を告げ，かつ不利益事実を故意に告げない場合」に限定されているのに対し（消費者契約法4条2項），本法では「故意に事実を告げない行為」のみとされており，適用範囲が広くなっている点に注意を要する。また，前述④の(c)，(d)については取消しの対象とされていない点も注意が必要である。

⑧　契約解除に伴い消費者が支払う損害賠償額（＝違約金）の上限の定め（10条）〔25条〕

クーリング・オフ期間（8日間）を過ぎてから，前述⑥，⑦以外の事由で契約を解除したいという場合は通常の（＝民法上の）契約解除となる。つまり，クーリング・オフやこれらの解除権等は事業者の勧誘行為に問題があったために消費者の契約意思が十全でなかった場合に，契約拘束力の例外として期間を限定して，消費者に特別な負担を負わせずに契約を解除することを認めたものである（民法の修正）。しかし，通常の契約解除の際には，当事者には原状回復義務が生ずるため，例えば消費者がすでに商品等を使用していた場合は，その使用料を支払わなくてはならない。また，解除により相手方に損害が生じていれば損害賠償しなくてはならないため，例えば事業者が販売に要した費用などは賠償しなくてはならない（民545条）。これらを通常，違約金あるいは解約損料等といい，その

額は原則として当事者の合意によって決められる。

しかし，悪質な業者のなかにはこの違約金等を不当に高く設定して，消費者に契約解除をさせないようにする者もいる。そこで，本法では以下のように，損害賠償の額を規定して事業者が請求できる違約金等の上限を定めている。

(a) 当該商品等が返還された場合：当該商品の通常の使用料の額または当該権利の行使により通常得られる利益に相当する額

(b) 当該商品等が返還されない場合：当該商品等の販売価格に相当する額

(c) 解除が役務提供の開始後である場合：提供された当該役務の対価に相当する額

(d) 解除が商品等の引渡しまたは役務提供の開始前の場合：契約の締結および履行のために通常要する費用の額

なお，これらの規定に反して消費者に不利な特約は無効である。

⑨ 行政による監督制度——主務大臣による指示（7条）〔22条〕，業務停止命令（8条）〔23条〕，業務禁止命令（8条の2）〔23条の2〕，報告徴収・立入検査（66条）

主務大臣は，事業者が本法に定める義務および禁止行為に違反した場合，改善指導（＝指示）を行い，指示違反に対しては，業務の停止等を命ずることができる。すべての取引類型に共通する規定であるが，ここでは訪問販売等について説明する。

まず，主務大臣は，事業者が前述の①「事業者名等の明示義務」，②「再勧誘の禁止」，③「契約内容を明らかにする書面等の交付義務」，④「不当な勧誘行為の禁止」に違反し，または以下の(a)～(e)に該当する行為をした場合で，訪問販売等の取引の公正および消費者の利益が害されるおそれがあると認めるときは，当該販売業者等に対し，当該違反行為等の是正のための措置等をとるべきことを指

示すことができる（7条1項1〜5号）。

(a) 売買契約等にもとづく債務または契約解除により生ずる債務の全部または一部の履行を拒否または不当に遅延した場合。

(b) 勧誘に際し商品の種類・品質等，販売価格等（6条1項1号〜5号）以外で顧客の判断に影響を及ぼす重要事項につき故意に事実を告げない場合。

(c) 契約解除等を妨げるため，顧客の判断に影響を及ぼす重要事項につき故意に事実を告げない場合。

(d) 正当な理由なしに，日常生活において通常必要とされる分量を著しく超える商品の売買契約の締結について勧誘すること（→前述⑥）その他顧客の財産の状況に照らし不適当と認められる行為として省令で定めるもの。

(e) その他，取引の公正および消費者の利益を害するおそれがあるものとして省令で定める禁止行為をした場合（消費者が迷惑を覚えるような仕方での勧誘等，若年者，老人等の判断力不足に乗じた勧誘，適合性の原則に反する勧誘，契約締結に際し消費者に虚偽の記載をさせる行為，契約上の債務を履行させるため金銭借入や預貯金の引出し等をさせる行為，消費者につきまとうなどの行為等：施行規則7条）。

また，主務大臣は，事業者が前述の①〜④の義務または禁止に違反し，または上述の(a)〜(e)に該当する行為をした場合で，訪問販売等の取引の公正および消費者の利益が著しく害されるおそれがあると認めるとき，または上記の指示に従わないとき，当該販売業者等に対し，2年以内の期間を限り業務の全部または一部の停止を命令することができる（8条1項）。さらに，業務停止命令を受けた直後に別法人を立ち上げて同様の業務を継続しようとする悪質事業者対策として，主務大臣は，業務停止を命じた個人事業主，法人の役員

等に対して，停止の範囲内の業務を継続するために新たに法人を設立すること等を禁止することができる（＝業務禁止命令，8条の2）。主務大臣は，指示，業務停止および業務禁止を命じたときは，その旨を公表しなければならない（7条2項，8条3項，8条の2第3項）。

この他，主務大臣は，本法を施行するため必要があると認めるときは，販売業者等に対し報告を求め，または店舗等の立入検査を行うことができる（66条）。

上記の指示に違反した者，報告・検査を拒むなどした者は6ヶ月以下の懲役又は100万円以下の罰金に処せられ（併科もあり，71条2号・3号・4号），業務停止命令等に違反した者は3年以下の懲役または300万円以下の罰金に処せられる（併科もあり：70条3号）。なお，法人に対しては業務停止命令等違反は3億円以下の罰金，不実告知等の禁止行為違反は1億円以下の罰金に処すとされている（74条1項）。

⑩　主務大臣に対する消費者の申出制度（60条）〔60条〕

誰でも（＝被害者に限らず），事業者が本法に違反している疑いがあるときは，行政が調査・措置を行うよう主務大臣に申出ることができる。申出を受けた行政機関は，関係当事者に対し必要な調査を行い，その申出の内容が事実であるときは適当な措置をとるべき義務を負う。すべての取引類型に共通の規定である。

なお，この申出制度の円滑化を図るため，指定法人制度が導入されており（61条），「財団法人日本産業協会」が指定されている。

⑪　適格消費者団体による差止請求（58条の18〜58条の25）

適格消費者団体は，訪問販売等に関して，販売業者等による(a)不当な勧誘行為（不実告知，事実不告知，威迫困惑行為）や，(b)不当な特約（クーリング・オフや解約時の損害賠償につき消費者にとり不利となる特約）を含む契約の締結について，それらの行為の停止や予防に必

要な措置をとることを請求（差止請求）することができる（58条の18
〜58条の25）。すでに見たように（→前述⑨），本法には監督官庁によ
る行政処分が規定されているが，適格消費者団体による差止請求に
はそれらを補完する役割が期待されている。（消費者団体訴訟制度に
ついては→第2章・5）。

2 特定継続的役務提供 （41条以下）

【Case 3-3】 Eは英会話を習いたいと思い，「ただ今，無料体験期間中」
と書かれた広告を見て英会話学校Fに出かけた。授業風景を見たり，
資料をもらったりしていたところ，無料でカウンセリングをしていると
個室に通され，「思い立ったときに始めよう！」と強引に契約を勧めら
れたため，2年間利用可能なチケット200枚で30万円の購入契約を結
んでしまった。また，「自宅でも学習をした方が上達が早いから」と，
自習用のCD（10万円）を勧められ一緒に購入することにした。
　Q1　帰宅後，Eが，高額すぎる上に教室に通い続ける自信もない
　　　ため契約をやめたいと思った場合，自分から出かけて行って結ん
　　　だ契約でもクーリング・オフできるのだろうか。また，一緒に購
　　　入したCDもクーリング・オフできるだろうか。
　Q2　Eが2ヶ月ほど教室に通ってチケットを20枚使用した時点
　　　で，授業内容が自分に合っていないため解約したいと思った場
　　　合，中途解約はできるのだろうか。違約金はどうなるのだろう
　　　か。

【Case 3-3】のような英会話教室の受講契約やエステの契約は，
一定期間，継続的に消費者がサービス（＝役務）の提供を受けるこ
とを内容とする契約であり，商品等の一回的売買契約とは様々な点
で異なっている。まず，(a)サービスを対象とするため，消費者は，
契約締結の段階ではサービスの内容や質について商品のように手に
とって吟味することはできず，販売員の説明等に頼る以外にない。

そのため，言葉巧みなセールストークによる被害も生じやすい。また，(b)サービスの内容や質は，実際に自分が提供を受けてはじめて判断できるのであり，さらにいえば，その効果や自分に合っているかどうかの判断は一定期間継続して提供を受けてみなければわからない。さらに，(c)契約期間が中長期にわたるため，契約期間中に，転勤や病気など消費者の事情が変わったり，あるいは事業者が倒産したりする事態もないとはいえない。これに対し，消費者に契約解除させないために，事業者があらかじめ契約書に中途解約を一切認めないとする規定や高額な違約金の規定を置くなどのトラブルが多発したため，1999年改正で本法において継続的なサービス契約を規制対象とすることとした。

定　義（41条）　本法において「特定継続的役務提供」とは，エステティック，外国語会話教室，学習塾，家庭教師派遣，パソコンスクール，結婚相手紹介サービス，美容医療の7業種で，契約金額が5万円を超え，かつエステおよび美容医療では契約期間が1ヶ月を超える場合，それ以外の5業種では契約期間が2ヶ月を超える場合をいう（→**図表3-4**）。美容医療は2016年改正により追加された。エステ契約が，「人の皮膚を清潔にし若しくは美化し，体型を整え，又は体重を減ずるための施術を行うこと」であるのに対し，美容医療は「人の皮膚を清潔にし若しくは美化し，体型を整え，体重を減じ，又は歯牙を漂白するための医学的処置，手術及びその治療を行うこと」とされる（施行令別表第4）。後者はさらに，脱毛，にきび・しみ等の除去，皮膚のしわまたはたるみの症状の軽減，脂肪の減少，歯牙の漂白等について，光の照射等または薬剤の使用等の方法によるものとされている（施行規則31条の5）。7業種に該当する契約であれば，販売・勧誘形態に関係なく，消費者が自ら店舗等に出向いて締結した契約も適用対象とな

図表3-4　特定継続的役務提供の7業種の要件一覧表

指定役務	指定期間	指定金額
エステティック	1ヶ月超	5万円超
美容医療	1カ月超	5万円超
語学教室	2ヶ月超	5万円超
学習塾	2ヶ月超	5万円超
家庭教師	2ヶ月超	5万円超
パソコン教室	2ヶ月超	5万円超
結婚相手紹介サービス	2ヶ月超	5万円超

る。ただし，営業のための契約等には適用されない（適用除外規定〔50条1項1号〕）。

【Case 3-3】では，Eは英会話教室の受講契約を結んでいる。すでにみたように，英会話教室は「特定継続的役務提供」の7業種に含まれ，2年間で30万円の契約は2ヶ月以上5万円以上という要件を満たすため，自分から出かけていって結んだ契約でも本法は適用される。

主な規制内容　特定継続的役務提供に対する主な規制内容は，前掲図表3-2（55頁）のとおりである。このうち，書面交付義務，不当な勧誘行為の禁止，不当勧誘による契約の取消権，行政による監督制度，差止請求権，主務大臣に対する申出制度については基本的に前述❶の訪問販売等に対する規制の内容とほぼ同様である。詳細については❶を参照されたい。以下，特定継続的役務提供に特有の規制内容を中心に説明する。

①　書面交付義務（42条）

サービス提供事業者等は勧誘に際して，あるいは契約を締結した場合には，消費者に契約内容を記載した書面を交付することが義務づけられている（概要書面＝42条1項，契約書面＝42条2項・3項）。な

お，訪問販売等と同様に，消費者の承諾があれば，書面の交付に代えて電磁的方法により提供することも可能である（42条4項）。書面に記載すべき事項は，役務の内容，当該役務の提供を受ける際に消費者が購入する必要のある商品（＝関連商品）の商品名・種類・数量等，役務の対価等，代金の支払時期および方法，役務の提供期間，クーリング・オフに関する事項，中途解約に関する事項その他主務省令で定める事項（施行規則32条〜36条）である。また，前払取引の場合は前受金保全措置の有無とその内容も記載を要する。

② 事業者による誇大広告の禁止（43条）

前述のように，サービスは消費者が実際に提供を受けてみない限り，契約締結前にその良し悪しを吟味することはできないため，事業者の説明や広告が契約を締結するか否かの重要な判断材料となる。ところが，事業者のなかには，例えば実際には不可能であるにもかかわらず「2ヶ月間で確実に10キロ減量！」（エステの広告）や，レッスンを受けられる時間帯は限られているのに「どの時間帯でもマンツーマンのレッスンを予約可能」（英会話教室の広告）のように誇大な宣伝広告で消費者を勧誘する者も少なくない。

そこで，本法では，事業者等は，役務の提供条件について広告するときは，当該特定継続的役務の内容，効果，その他の主務省令で定める事項（役務の対価，支払時期および方法，役務の提供期間等〔施行規則37条〕）について，「著しく事実に相違する表示」または「実際のものよりも著しく優良」もしくは「有利であると人を誤認させるような表示をしてはならない」旨規定している。

なお，主務大臣は，上記の誇大広告に該当するか否かを判断するため必要であれば，事業者に対し，期間を定めて，当該表示の裏付けとなる合理的な根拠を示す資料の提出を求めることができる。事業者がこれを提出しないときは，誇大広告表示があったものとみな

され（43条の2），主務大臣による是正措置の指示がなされることとなる（46条）。

③ 不当な勧誘行為の禁止（44条）

事業者等はおおむね訪問販売等の場合（**1**・④の(a)(b)(c)）と同様の不当な勧誘行為が禁止されている。ただし，(a)の契約にかかる重要な事項のうち「商品に関する事項」が「役務に関する事項」，すなわち役務の内容，対価，提供期間などとなっており，さらに消費者がサービスを利用する際に購入する必要のある商品（関連商品）の種類・性能等や中途解約に関する事項等が追加されている。

また，訪問販売等と同様，これらの不当な勧誘により結んだ契約は取り消すことができる（49条の2）。

④ 事業者に対する事務所への書面の備付け義務等（45条）

継続的役務提供契約では，過去に，エステや外国語会話教室，学習塾などで，高い施術料や受講料を支払わせておきながら倒産し，消費者がサービスの提供を受けられなくなった事例もみられた。

そこで，本法は，特定継続的役務提供のうち政令で定める金額（5万円）を超える金銭を前払いする取引では，事業者は，業務および財産の状況を記載した書類（貸借対照表，損益計算書および事業報告書）を営業所に備え置かなければならず，消費者はこれらの閲覧・謄本の交付を求めることができる旨定めている。安心して契約を継続できる事業者か否か，消費者が経営内容を確認し判断できることを目的としたものと説明されるが，その実効性は疑問である。

⑤ クーリング・オフ（48条）

継続的役務提供におけるクーリング・オフの規定もほとんど前述の訪問販売に関する規定と同様である。クーリング・オフ期間は法定の契約書面受領日から8日間であり，期間内に書面または電磁的記録により通知すればよく，クーリング・オフ行使の妨害行為に対

する規定も置かれている。特筆すべき点としては，「関連商品」，すなわち消費者がサービスを利用する際に購入する必要のある商品であって政令で定める商品についてもクーリング・オフが可能であるという点である（48条2項，施行令14条）。(→資料編③ 特定継続的役務提供の指定関連商品一覧）。ただし，このうち健康食品および化粧品等については，これらを使用した場合はクーリング・オフできないため注意が必要である（48条2項ただし書）。

【Case 3-3】のQ1では，法定の契約書面受領後8日以内であればクーリング・オフできる。また，CDも関連商品であるため，クーリング・オフが可能である。

⑥　消費者の中途解約権＋中途解約時の損害賠償額の上限の定め（49条）

特定継続的役務提供契約における中途解約を一切認めないとの規定や法外な違約金の定めによるトラブルを予防するため，本法では，クーリング・オフ期間を経過した場合も消費者は将来に向かって当該契約を解除することができる旨明記された。また，中途解約に際して事業者が消費者に対し請求できる違約金の上限も，以下のとおり法定されている（→**図表3-5**）。

(a) 解除が役務提供の開始前である場合（→**図表3-5**(a)）は，契約の締結および履行のために通常要する費用の額として政令で定める金額。

(b) 解除が役務提供の開始後である場合（→**図表3-5**(b)）は，(i)契約解除によって通常生ずる損害の額として政令で定める額と，(ii)提供された役務の対価に相当する額とを合算した金額。

さらに関連商品についても，購入契約の解除が可能であり，その際の違約金の上限についても，訪問販売に関する規定（→前述 **1**・⑧の(a)(b)(d)）に準ずる内容が定められている（49条5項・6項）。

図表 3-5 特定継続的役務提供取引の解約手数料の上限額

指定役務	サービス利用前 (a)	サービス利用後 (b) (i)+(ii)
エステティック	2万円	2万円または契約残額の1割のいずれか低い金額＋提供された役務の対価分
美容医療	2万円	5万円または契約残額の2割のいずれか低い額＋提供された役務の対価分
語学教室	1万5,000円	5万円または契約残額の2割のいずれか低い金額＋提供された役務の対価分
学習塾	1万1,000円	2万円または1ヶ月分の授業料のいずれか低い金額＋提供された役務の対価分
家庭教師	2万円	5万円または1ヶ月分の授業料のいずれか低い金額＋提供された役務の対価分
パソコン教室	1万5,000円	5万円または契約残額の2割のいずれか低い金額＋提供された役務の対価分
結婚相手紹介サービス	3万円	2万円または契約残額の2割のいずれか低い金額＋提供された役務の対価分

【Case 3-3】のＱ２では，クーリング・オフ期間は経過しているが，中途解約は可能である。契約解除により通常生ずる損害額は，外国語会話教室で(b)の「サービス利用後」の場合，(i)は「5万円または契約残額の2割のいずれか低い金額」である。【Case 3-3】では，以下のような計算となろう。

・チケット1枚あたりの金額……300,000円÷200枚＝1,500円

・チケットの既使用分……1,500円×20枚＝30,000円

・契約残額の2割……(300,000円－30,000円)×0.2＝54,000円

以上から，(i)契約残額の2割（＝54,000円）または50,000円のいずれか低い金額である50,000円が契約解除により通常生ずる損害額とみなされ，これに(ii)提供されたサービスの対価分（＝チケットの既使用分）30,000円を加算した80,000円が，ＦがＥに請求できる解

約手数料の上限となる。また，自習用の CD（10万円）については，返還した場合は通常の使用料を，返還しない場合は販売価格である10万円を支払うこととなる。語学教室やエステ等の契約では，入学あるいは入会時に購入するポイント数（あるいはチケット枚数）が多いほどポイント単価（あるいはチケット1枚の単価）が安くなるものも多いが，ある大手英会話学校で，解約時の使用済ポイントの清算に際し，入学時より高い単位で計算する旨の規定が用いられたケースで，最高裁は特商法49条2項1号違反（同号に定める上限を超える金額の支払いを求めるもの）であるとして当該規定は無効であるとした（最判2007年4月3日，民集61巻3号967頁）。

なお，継続的役務提供契約は，契約金額が高額となる場合が多く，クレジット契約を利用するケースがほとんどであるが，中途解約した場合やサービス提供事業者が倒産するなどしてサービスを受けられなくなった場合においては，消費者はクレジットの支払いを免れるため，クレジット会社に対し抗弁対抗の主張をする必要がある（→第4章・3 割賦販売法）。

3　業務提供誘引販売取引（51条以下）

【Case 3-4】 G は，インターネット上で「誰でも簡単に覚えられるホームページ作成の内職。講座受講者には仕事を優先的に保障。月収15万円以上間違いなし！」との広告を見つけ，業者 H に電話したところ，申込者が大勢いるため締切り間近だといわれ，あわてて契約してしまった。契約内容は，まず仕事をするために必要な特定の機種のパソコンとソフトを H から購入し（合計30万円），ホームページ作成方法を身につけるための講座（15万円）を受講。講座の最終試験に合格すれば，H が仕事を回してくれる，というものであった。10日後，パソコン，ソフト，講座テキスト等が送られてきた。これらを見た G は，あらためて，「仕事を始める前にこのような高額の出費が必要では……」，

「本当に仕事を保障してくれるのだろうか……」などと不安になり、やはりこの契約は取りやめたいと考えている。クーリング・オフできるだろうか。また、このような勧誘方法には問題があるのではないだろうか。

【Case 3-4】のように、高収入が得られる内職を紹介するとの名目でパソコンを買わせたり、講座の受講契約を結ばせるが、講座が終了しても仕事を紹介しないという手口、あるいはモニター会員になって使用した感想などのレポートを提出すれば毎月モニター料が支払われるとして浄水器や太陽熱温水器、羽毛布団などを売りつけるが、購入後レポートを提出しても報酬は支払われないといった手口など、割の良い仕事で釣って商品を買わせたりサービス契約を結ばせる商法は、いわゆる内職・モニター商法と呼ばれている。内職の収入やモニター料をあて込んで高額の商品やサービスの契約を結んだが、実際には仕事を回してもらえない、モニター料が支払われないなどの消費者被害が多発したため、本法ではこれらの商法を「業務提供誘引販売取引」として規制している。

定　義 (51条)　本法にいう「業務提供誘引販売取引」とは(a)物品の販売またはサービスの提供（あっせんも含む）を行う事業者が、(b)業務提供利益（＝その販売する商品または提供されるサービスを利用する業務に従事することにより得られる利益）を得ることができるとして消費者を誘引し、(c)消費者に特定負担（＝その商品の購入やサービス対価の支払い等）をさせる、(d)物品販売またはサービスの提供取引をいう。

業務提供誘引販売取引については、前述の特定継続的役務提供のような業種の特定はなく、対象となる商品、役務等による限定はない。また、「店舗以外の場所」といった限定もないため、上記(a)〜

(d)の要件を満たせば，店舗での契約も規制対象となる。ただし，以下に示す規制内容のうち，不当な勧誘行為等の禁止，事業者の書面交付義務，クーリング・オフなどの規定は，消費者が，業務を事業所等によらないで個人で行う場合に限り適用される（訪問販売等の規制と異なりここでは，営業か否かではなく，個人で行うか否かで判断される（52条1項かっこ書他））。

【Case 3-4】では，Gは，Hからホームページ作成の仕事を保障するとして（＝業務提供利益を得られることをもって）勧誘され，特定負担（＝パソコン＋ソフト＋講座受講料＝45万円）を伴う，パソコン等の購入契約等を締結しているため，「業務提供誘引販売取引」の要件を満たすといえよう。

主な規制内容　業務提供誘引販売取引に対する主な規制内容は前掲**図表3-2**（55頁）のとおりである。このうち，広告に表示すべき事項（後述②）と承諾をしていない者に対する電子メール広告の提供の禁止（後述④）以外の規制，すなわち，事業者名等の明示義務，書面交付義務，不当な勧誘行為の禁止，誇大広告の禁止，クーリング・オフ，不当勧誘による契約の取消権，損害賠償額の上限の定め，行政による監督制度，差止請求権，主務大臣に対する申出制度については，基本的に前述の**1**訪問販売等，**2**特定継続的役務提供に対する規制の内容とほぼ同様である。これらの規制内容の詳細については**1**および**2**を参照されたい。ここでは，業務提供誘引販売取引に特有の規制内容を中心に説明する。

①　不当な勧誘行為等の禁止（52条）

事業者等は不当な勧誘行為が禁止されており，禁止行為もおおむね訪問販売等の場合（**1**・④の(a)(b)(c)(d)）とほぼ同様である。ただし，(a)の契約にかかる重要な事項に，特定負担に関する事項，業務提供利益に関する事項等が追加されている点に注意を要する。

② 事業者が広告に表示すべき事項（53条）

業務提供誘引販売取引では、事業者が広告に表示しなければならない事項として、商品または役務の種類、特定負担に関する事項、提供またはあっせんする業務について広告するときはその提供条件、その他主務省令で定める事項（事業者の氏名・住所等，商品名，電子メール広告をするときはメールアドレス等：施行規則40条，41条）が定められている。

③ 誇大広告の禁止（54条）

事業者は、広告をするに際して、特定負担に関する事項、業務提供利益その他の事項について、「著しく事実に相違する表示」または「実際のものよりも著しく優良」もしくは「有利であると人を誤認させるような表示をしてはならない」。また、主務大臣は、誇大広告に該当するか否かを判断するために必要であれば、事業者に対し合理的な根拠を示す資料を請求することができる（54条の2）。

【Case 3-4】で、H は「月収15万円以上間違いなし！」と表示しているが、それが事実の裏付けのない数字や、ごく一部の契約者しか得られていない収入金額の場合は誇大広告に該当しうるといえよう。

④ 承諾をしていない者に対する電子メール広告の提供の禁止（54条の3，54条の4）

事業者は、消費者側の承諾を得ないで電子メール広告を送信することが禁止され、承諾のあった者に対してのみ送信が認められる。これは消費者の承諾なしに一方的に送信されてくる迷惑広告メールの増加に対処するため置かれた規定である。事業者には、消費者から請求や承諾を受けたことの記録を保存する義務があり（54条の3第3項）、広告の送信を拒否する方法（メールアドレス等）も表示しなければならない（同条4項）。また、業務提供誘引販売業者から電子

メール広告の委託を受けた者も同様の規制を受ける（54条の4）。

⑤　クーリング・オフ（58条）

クーリング・オフの規定も，行使期間が法定の契約書面受領日から20日間であることを除けば，1の訪問販売等に関する規定とほぼ同様である。クーリング・オフの行使期間については，契約の仕組みが複雑であることなどから，消費者が冷静になって契約内容について見直す期間として20日間を設定している。期間内に書面または電磁的記録により通知すればよく，クーリング・オフ行使の妨害行為があった場合の期間延長も20日間である。

【Case 3-4】では，契約した日から10日が経過しているが，クーリング・オフ期間は法定の契約書面受領日より20日間であるため，Gはクーリング・オフすることができる。

4　訪問購入（58条の4以下）

買取業者が「壊れた指輪やネックレス等の貴金属があれば査定し，高く買い取ります」などと言って消費者宅に入りこみ，強引に売却を迫り，消費者が売るつもりのないものまで売買契約を結ばせたり，極端な安値で買い取っていったりするという，いわゆる「押し買い」による被害の多発を受けて設けられた規定である。

定　義（58条の4）　本法において「訪問購入」とは，物品の購入を業として営む者（以下，「購入業者」という）が，営業所等以外の場所において，売買契約の申込みを受け，または売買契約を締結して行う物品の購入をいう。

「指定制」をとらないため，原則としてすべての品物が対象となるが，①消費者の利益を損なうおそれがないと認められる物品または②本法の規定を適用されると流通が著しく阻害されるおそれがある物品であって，政令で定めるものは除外される（施行令16条の

3）。政令で指定されているもののうち，家庭用電気機械器具（携行が容易なものを除く）および家具は，消費者がほぼ毎日使用するものであるため，契約を結ぶ意思が不確定なまま契約締結してしまうおそれがないと考えられ除外されている（①に該当）。また，自動車および有価証券は，それぞれ別途法律によって流通を円滑化するための制度が設けられており，本法の規制対象とするとそれらの制度の趣旨を著しく損ねる結果となることから除外されている（②に該当）。書籍，レコード・CD・DVDは，一度に大量の個数が売買されるという商慣習が存在することから除外されている（②に該当）。

　なお，他の販売方法とは異なり，訪問購入ではいわゆる消費者は物品の売り手であって（買い手は購入業者），厳密にいえば消費者ではないが，以下では便宜上，「消費者」または「（契約の）相手方」と表記することとする。

主な規制内容　訪問購入に対する主な規制内容は，前掲**図表3‑2**（55頁）のとおりである。このうち，氏名等の明示義務，書面交付義務，不当な勧誘行為の禁止，行政による監督制度，差止請求権，主務大臣に対する申出制度については基本的に前述の**1** 訪問販売等に対する規制の内容とほぼ同様である。これらの規制内容については**1** を参照されたい。ここでは，訪問購入に特有の規制内容を中心に説明する。

　①　氏名等の明示義務（58条の5）

　購入業者は，訪問購入をしようとするときは，その勧誘に先立ち，相手方に対し，氏名または名称，売買契約の勧誘目的であることおよび購入する物品の種類を明示しなければならない。

　「押し買い」のトラブルでは，購入業者が「貴金属の査定に来ました」などと訪問目的を偽って消費者宅に入り込み，その後強引に物品の売却を迫ったり，売却を承諾するまで居座ったりする事例が

相次いだため，消費者が購入業者の目的を明確に知って，勧誘を受けるかどうかを判断できるように明示義務を規定した。

②　勧誘の要請をしていない者に対する勧誘の禁止等（58条の6）

訪問販売と同様に「押し買い」のトラブルでも，購入業者が突然，消費者宅を訪問して勧誘を始め，消費者は断れなくなって契約を結んでしまうというケースが大半であった。後述のように訪問購入においてもクーリング・オフが導入されたが，訪問購入では消費者が契約解除をした時点ですでに売却した物品が転売・遺失・毀損されていることも多く，消費者が後から物品を取り戻すことは容易ではない。そこで，訪問購入では飛び込みでの勧誘を禁止することとし，購入業者は，自ら要請していない相手方に対して訪問勧誘をしてはならないこととされた（いわゆる「不招請勧誘」の禁止）。

また，購入業者は，勧誘に先立って，相手方に対して勧誘を受ける意思を確認しなければならない（58条の6第2項）。この意思確認は消費者側から勧誘の要請を受けて訪問した場合も，勧誘に先立って確認することを要する。また，訪問販売においては意思の確認は努力規定とされているが（→前述 **1** ②），訪問購入においては義務規定である点にも注意が必要である。さらに，契約を締結しない旨の意思表示をした者に対する再勧誘も禁止されている（同条3項）。

③　クーリング・オフ（58条の14）

訪問販売等と同様に，消費者は，訪問購入契約の法定書面を交付された日より8日以内であれば，何ら負担を負うことなしに当該契約を解除できる。クーリング・オフの申出は書面または電磁的記録により行い，それらの通知を発した時にその効力を生ずる（58条の14第2項）。また，購入業者によるクーリング・オフ妨害があった場合も，訪問販売等と同様，購入業者があらためて法定書面を交付し，かつ口頭でクーリング・オフできる旨を告げた日から8日間は

クーリング・オフできる（施行規則55条）。

　消費者は売却した物品を返還してもらい，受け取った金銭は購入業者に返還するが，返還に要する費用および利息は購入業者が負担する（58条の14第5項）。消費者はクーリング・オフによって転売先の第三者に対抗できるが，第三者が善意無過失であった場合はこの限りでない（58条の14第3項）。

④　物品の引渡しの拒絶，引渡しの拒絶に関する告知（58条の15，58条の9）

　訪問購入では，消費者が売却した物品を購入業者に引き渡してしまうと，さらにそれを第三者に転売してしまう場合も多く，後日クーリング・オフ等をしても物品が消費者の手元に戻らない可能性が高い。そこで，クーリング・オフの実効性を担保するため，消費者はクーリング・オフ期間内においては購入業者等に売却した物品の引渡しを拒むことができる（58条の15）。

　さらに，消費者が物品の引渡しを拒絶できること自体を知らない場合も少なくないため，購入業者は消費者から直接物品の引渡しを受ける際には，クーリング・オフ期間内は物品の引渡しを拒絶できる旨告知しなければならないとして，消費者の判断の機会を保障している（58条の9）。

⑤　第三者への物品の引渡しについての通知等（58条の11，58条の11の2）

　さらに，クーリング・オフの実効性を高めるため，消費者は転売先の情報を取得することができる。すなわち，購入業者は，消費者から物品の引渡しを受けた後に，クーリング・オフ期間内に当該物品を第三者に引き渡したときは，第三者に引渡した旨および第三者の氏名等，引渡し年月日，物品の種類等（施行規則52条）について消費者に遅滞なく通知しなければならない。

ただし前述のように，消費者はクーリング・オフを行った場合でも，転売先の第三者が善意無過失である場合は物品の返還を受けられない。そこで，クーリング・オフの実効性を強化するため，購入業者は，転売先の第三者に対しても，契約解除されることがある旨等を通知しなければならないこととした（58条の11の2）。

　⑥　契約解除等に伴う損害賠償等の額の制限（58条の16）

　ⅰ）購入契約が解除された場合，あるいはⅱ）消費者が売却した物品の引渡しを行わない等の理由で購入業者が損害賠償を求めた場合の損害賠償額（違約金等）の上限が定められている。これらの場合に消費者が購入業者から法外な損害賠償金を請求されることのないようにするための規定である。

　　ⅰ）購入契約が解除された場合は，(a)契約解除が売買代金支払い前の場合…契約の締結および履行に通常要する費用の額，(b)契約解除が売買代金支払い後の場合…当該代金に相当する額および利息，を上限とする（58条の16第1項）。

　　ⅱ）消費者の債務不履行の場合（契約解除の場合を除く）は，(a)履行期限後に物品が引き渡された場合…当該物品の通常の使用料の額（ただし，（当該物品の購入価格－引渡し時の価額）が（通常の使用料）を上回る場合は前者），(b)物品が引き渡されない場合…当該物品の購入価格相当額，を上限とする（58条の16第2項）。

5　通信販売（11条以下）

定　義（2条2項）　本法において「通信販売」とは，販売業者または役務提供事業者が，消費者から郵便その他の主務省令で定める方法（以下，「郵便等」という）により売買契約等の申込みを受けて行う商品もしくは特定権利の販売または役務の提供であって，電話勧誘販売に該当しないものをいう。

「通信販売」を「郵便等」という消費者からの申込みの手段・方法により定義しているため，販売業者の広告は，例えば，新聞・雑誌等に掲載される広告，カタログ等のダイレクトメール，折込みチラシ，テレビショッピング，インターネット上のウェブサイト，電子メール等において表示された広告など，その手段を問わない。

また「郵便等」とは，前述の電話勧誘販売におけるのと同様，(a)郵便，信書便，(b)電話機，ファクシミリ装置その他の通信機器または情報処理の用に供する機器を利用する方法，(c)電報，(d)預金または貯金口座に対する払込みを指す（施行規則2条）。したがって，消費者からのハガキ，封書，電話，ファックス，メール，郵便振替等々による申込みはいずれも該当することとなる。ただし，郵便等による商品等の売買契約の申込み等であっても，前述の「電話勧誘販売」に該当する場合は，電話勧誘販売に関する規定の適用を受けることとなる（→3・**1**訪問販売，電話勧誘販売）。

また，特定権利については，訪問販売の特定権利と同様である（→**図表**3-1 訪問販売等の特定権利（53頁））。

主な規制内容 通信販売に対する主な規制内容は，前掲**図表**3-2（55頁）のとおりである。このうち，契約解除制度（後述①），承諾等の通知（後述⑤）以外の規制，すなわち，広告に記載すべき事項，誇大広告等の禁止，承諾をしていない者に対する電子メール広告の提供の禁止，行政による監督制度，差止請求権，主務大臣に対する申出制度については，前述の**1**〜**3**の規制内容とほぼ同様である。以下では通信販売に特有の規制内容を中心に説明する。なお，インターネット通販については，電子契約法等も適用されるため，本書第6章も参照されたい。

① 契約解除制度（15条の3）

通信販売にはクーリング・オフは認められていないが，購入者

は，商品の引渡しまたは特定権利の移転等を受けた日から8日以内であれば，契約を解除することができる。その際の商品の引き取り等にかかる費用は購入者の負担である（15条の3第2項）。ただし，事業者が広告に返品に関する特約（販売業者の定める別の返品条件あるいは返品を受け付けない旨の定め）を表示していた場合はその限りでない（＝その特約に拠ることとなる）。

購入者の「カタログで見たのと風合いが違った」「サイズが合わなかった」などのケースに対応するため，通信販売業者の多くはいわゆる返品制度（返品に関する特約）を採用している。クーリング・オフとは異なり，返品に関する特約では，事業者は返品可能な期間の長さや送料負担の有無等の返品条件を任意に設定できる。事業者が返品を認めない場合も広告で表示されていれば法律上は有効であるため，消費者は購入時に広告表示を慎重に確認する必要がある。

なお，引き渡された商品に欠陥があった場合などは，返品を認めないとする特約にかかわらず，消費者は契約不適合責任（民562条）に基づき商品の交換や修理を請求することができる。

② 事業者が広告に表示すべき事項（11条）

通信販売では，消費者はもっぱらカタログやチラシ，テレビCM，ウェブサイト上の広告等に基づいて購入を決定するため，広告の内容が重要となる。そこで，本法では通信販売をする場合，事業者は以下の事項を広告に表示しなければならない旨規定している（＝積極的広告規制）。すなわち，商品等の販売価格および商品送料，代金の支払時期および方法，商品の引渡時期，契約の申込みの撤回または解除に関する事項（返品特約），その他の主務省令で定める事項（販売業者等の名称・住所等，申込期限，別途負担すべき金銭がある場合はその内容および額，定期購入契約である場合はその旨および金額・契約期間その他の販売条件，電磁的方法により広告する場合のメールアドレ

ス等〔施行規則8条〕）である。

③　誇大広告の禁止（12条）

さらに，事実と異なる広告により消費者が判断を誤ることのないように誇大広告の禁止規定も置かれている（＝消極的広告規制）。すなわち，事業者は，通信販売の契約条件について広告するときは，当該商品等の性能・内容，契約の申込みの撤回または解除に関する事項（返品特約），その他の主務省令で定める事項（商品等の種類・性能等，商品の原産地等，商品等の販売価格および商品送料，代金の支払時期および方法，商品の引渡時期等〔施行規則11条〕）について，「著しく事実に相違する表示」または「実際のものよりも著しく優良」もしくは「有利であると人を誤認させるような表示をしてはならない」。

本条に違反する広告表示をした場合，100万円以下の罰金に処せられる（72条1項1号）。

④　承諾をしていない者に対するメール広告およびファクシミリ広告の提供の禁止（12条の3～5）

突然，知らない事業者から電子メールやファクシミリを用いた通信販売の広告が大量に送信されてくると消費者の平穏な日常生活が害されることから，事業者が，承諾をしていない消費者に対してこれらの広告を送信することは原則として禁止されている。請求や承諾のあった消費者に対してのみ送信が認められるが，その後に消費者が送信を拒否した場合は送信は禁止される。事業者には消費者から請求や承諾を受けたことの記録の保存が義務づけられ，消費者が広告の送信を拒否する方法を表示することも義務づけられている。

⑤　承諾等の通知（13条）

商品の引渡し等を行う前に消費者に代金の全部または一部を支払わせる通信販売（＝「前払式通信販売」）では，事業者にとっては代金の回収が確実にできる反面，消費者にとっては事業者からの商品

の引渡し等が確実に行われる保証がなく，不安な状況に置かれることとなる。そこで本法では，前払式通信販売において，消費者から契約の申込みを受け，代金の全部または一部を受領したとき，事業者は遅滞なく，書面または電磁的方法により，承諾する（または承諾しない）等の通知をしなければならないと規定している。ただし，事業者が，代金の受領後遅滞なく当該商品の送付等を行った場合はこの通知は不要である（13条1項但書）。この規定に違反し，通知を怠った場合は100万円以下の罰金に処せられる（72条1項5号）。

⑥　特定申込みを受ける際の表示──定期購入契約等に対する規制（12条の6，15条の4）

　インターネット通販の利用増加に伴い，化粧品や健康食品の広告画面で「今ならお試し○○円！」などという格安価格を強調する表示を見て購入申込みをしたところ，実は定期購入契約で既定の回数購入しなければ契約解除できない内容であったなどという，詐欺的な定期購入契約によるトラブルが急増した。そこで，詐欺的な定期購入商法に対する規制を念頭に，2016年，2021年と相次いで法改正が行われた。

　（a）　特定申込み画面の表示事項の義務づけ（12条の6第1項）
特定申込み（＝事業者が様式を設定したインターネット申込み画面または申込み書面による申込み）について，事業者は申込画面または書面において，販売する商品・役務の分量・対価，販売価格及び送料，代金の支払い時期，商品等の引渡時期，申込みの期間に関する定め，契約の申込みの撤回または解除に関する事項などを表示しなければならない。なお，特定申込みには，インターネットの申込画面による申込みのほか，カタログ通販で申込み書面が準備されているものも含まれる。

　（b）　消費者を誤認させる表示等の禁止（同条第2項）　　事業者

は，特定申込み画面において，「人を誤認させるような表示」（例えば，消費者がそれは「お試しコース」の申込みであって定期購入契約の申込みではないと誤認するような表示）をしてはならない。

(c) 契約申込みの意思表示の取消し（15条の4） 事業者が(a)の表示義務または(b)の禁止規定に違反して行った表示（不実の表示，不表示，誤認させる表示）によって，消費者が誤認するなどして申込みをした場合は当該契約を取消すことができる。

(d) その他 事業者が(a)，(b)に違反した場合，契約の申込みに際し，消費者がスマホ等の操作により申込みの内容を容易に確認し及び訂正できるようにしていない場合やスマホ等の操作が契約の申込みとなることを容易に認識できるように表示していない場合（施行規則16条1項）は，主務大臣による指示等の対象となる（14条，15条）。なお，特定申込み画面における表示についての解釈および具体例については，「通信販売の申込み段階における表示についてのガイドライン」（消費者庁2022年2月9日）を参照。

(a)，(b)に違反する行為は適格消費者団体の差止請求の対象となる（58条の19第2号，3号）。また，事業者が(a)に違反した場合は3年以下の懲役または300万円以下の罰金（又は併科，70条2号），(b)に違反した場合は100万円以下の罰金に処せられる（72条1項4号）。

⑦ 契約の解除を妨げる不実告知の禁止（13条の2）

事業者は，通信販売に係る契約の申込みの撤回または解除を妨げるため，解除に関する事項または消費者が契約締結を必要とする事情に関する事項について，不実のことを告げる行為をしてはならない。本条に違反する行為は適格消費者団体の差止請求の対象となり（58条の19第4号），刑罰の対象となる（3年以下の懲役または300万円以下の罰金（又は併科，70条1号））。

6 ネガティブ・オプション（59条）

　注文していない品物が一方的に送り付けられ，代金の振込用紙が同封されていたとしても，当然のことながら消費者には代金を支払う義務はない。消費者は購入の申込みもしていなければ，合意もしていないため，売買契約は成立しておらず契約上の義務は生じないのである。

　本法では従来，「売買に基づかないで送付された商品」については，送付された日から14日以内に消費者が承諾をせず，販売業者が商品を引き取らない場合は，販売業者は当該商品の返還を請求できない旨規定されていた。しかし，2021年改正により，販売業者が売買契約に基づかないで，あるいは売買契約の成立を偽って商品を送付した場合は，送付した商品の返還を請求することができない旨が規定された（59条1項，59条の2）。消費者は送付された当該商品を直ちに処分することが可能となった。

　なお，同様の手口で，代引き郵便（着払い郵便）等の制度を悪用した送り付け商法による被害も多発している。特に，本人が不在のときに，家の人が代金を支払って荷物を受け取ってしまうケースが多い。一旦，荷物を受け取ってしてしまうと，後で代金の返還を求めることはできないため，注意が必要である。

7 連鎖販売取引（33条以下），無限連鎖講防止法

【Case 3-5】 Iは，中学時代の知人から，誰でも簡単にできるビジネスがあるからと誘われ説明会に行った。最初に商品（健康食品）を購入して会員になり，あとは友人などに商品を販売したり，会員になるように誘って入会させるだけで，報奨金や紹介料として毎月数万円の収入が入るようになるという。説明会では成功した人の例が次々に紹介され，自分でもできそうだと思い契約書にサインし，会員になるための商品を

10万円で購入した。

Q1 Iが帰宅後、家族に話したところ、そんなうまい話には絶対落とし穴があるからやめなさいと反対され、あれこれ悩んでいるうちに2週間経ってしまった。Iはクーリング・オフできるだろうか。

Q2 Iは、商品を取り寄せて、大学の友人に声をかけて商品を勧めたり、会員にならないかと勧誘してみたが、誰も商品を買ってくれず会員も増やせなかった。契約締結から3ヶ月後やめたいと思った場合、中途解約することはできるだろうか。

【Case 3-6】 Jは、「会員同士で助け合うボランティアの会だから」と知人Kに誘われて、ホテルで開催されたセミナーに参加したところ、「入会時に1口3万円を支払うと、後から入会した会員が増えるごとに配当が入る仕組み」、「あなたは会員を4名入会させるだけで、それ以後は下位の会員が入会者を連れてくるから何もしなくても自動的に配当が入る」などと説明され、1口3万円くらいなら、と入会した。Kから、来週セミナーがあるので友達を2、3人連れてきて欲しいといわれている。バイトを探している友達がいるので、ぜひ連れて行きたいと思っているが大丈夫だろうか。

【Case 3-5】はマルチ商法、【Case 3-6】はネズミ講である。これらは、金銭を支払うあるいは商品を購入するなどして組織に入会し、次は自分が勧誘者となって自己の下に後続の会員を次々と入会させれば、自己の出資を上回る利益が得られるとして勧誘する、金品の配当組織（ネズミ講）あるいは商品の販売組織（マルチ商法）である。

「みんなが儲かる」、「会員を増やしたら大金が手に入る」などと勧誘されるが、ネズミ講では、先に入会した者は、後続の会員の支払う金品を受け取ることで自己の支払った金品を上回る金品を手にすることができるため、相当数の後続会員を確保しなければ自己の出資を上回る利益の獲得は困難である。勧誘時には無限に会員を加

入させられるかのようにいわれるが，実際に計算してみると，1人の会員が2人ずつ後続会員を勧誘していったとしても28代目で日本の人口を突破する（1→2→4→8→16→32→64→128→……）。後続の会員ほど出資の回収が困難となることは明白である。金銭的被害のみならず人間関係の崩壊をも招くなど非常に問題の多い商法である。

ネズミ講は，昭和40〜50年代に大勢の被害者を出し社会問題となった「第一相互研究所事件」をきっかけとして制定された「無限連鎖講の防止に関する法律」（昭53法101）により禁止されているが，被害は後を絶たない。近年では，「会員を増やしたら大金が得られる」などと高額な報酬をうたってメールやSNSで消費者を勧誘するインターネットネズミ講や電子チェーンメール型ネズミ講も増えており，注意が必要である。

これに対して，マルチ商法は，単に金品の受渡しだけでなく，化粧品や洗剤などの商品の売買や役務の提供を伴い，商品等の販売組織という形態をとる。しかし，実際には商品等の販売によって得られるマージンは限られており，自己の出資（入会金や商品代金等）を上回る金額を手にしうるか否かは主として後続会員を加入させて得られるリクルート料にかかっているというケースも多い。そのため金銭的被害および人間関係崩壊の危険性はネズミ講と同様である。

マルチ商法のマイナスイメージを払拭するため，「ネットワークビジネス」などと呼ばれることもある。近年では，SNSやマッチングアプリなどで知り合った知人・友人等からの誘いがきっかけで加入するというケースも多くみられる。また，具体的な商品がなく，仮想通貨や海外の事業・不動産等への投資や副業などの役務のマルチ商法（モノなしマルチ商法）によるトラブルが若者を中心に広がっている。契約内容を十分理解できないまま契約させられている

ケースも多く，注意が必要である。

　以下では，特商法第3章のマルチ商法（本法では「連鎖販売取引」という）に関する規定について解説した後，無限連鎖講の防止に関する法律について解説をする。

連鎖販売取引　本法でいう「連鎖販売業」とは以下の要件を満たすものである（33条）。(a)物品の販売または有償で行う役務の提供の事業であること（販売および提供のあっせんを含む），(b)取引形態としては，物品の再販売（＝商品を買い受けて販売する），受託販売（＝販売の委託を受けて販売する），販売のあっせん（＝顧客の紹介），同種役務の提供，提供のあっせん取引であること，(c)特定利益（＝他人を紹介して加入させた場合に支払われる取引料の一部，いわゆる，紹介料，リクルート料）が得られるということをもって勧誘すること，(d)特定負担（＝組織に加入するために支払う商品代金，あるいは取引料，加盟料等）が条件となっていること。連鎖販売取引については業種の特定はなく，対象となる商品，役務等による限定もない。また，「店舗以外の場所」といった限定もないため，上記の要件を満たせば，店舗での契約も規制対象となる。

　【Case 3-5】では，商品（＝健康食品）の再販売等の仕事で，特定利益（＝紹介料）が得られるとして勧誘しており，特定負担（＝健康食品の購入＝10万円）を条件とする商品の販売取引であるため，「連鎖販売取引」に該当し，本法が適用される。

主な規制内容　主な規制は前掲**図表3-2**（55頁）のとおりである。このうち，中途解約に関する規定以外の規制，すなわち，事業者名等の明示義務，書面交付義務，不当な勧誘行為の禁止，広告に表示すべき事項，誇大広告の禁止，承諾をしていない者に対する電子メール広告の提供の禁止，クーリング・オフ，不当勧誘による契約の取消権，行政による監督制度，差止請求権，主務

大臣に対する申出制度については，基本的に前述の **1** 訪問販売等，**2** 特定継続的役務提供，**3** 業務提供誘引販売取引に対する規制内容と同様である。これらの詳細については **1** ～ **3** を参照されたい。以下では，連鎖販売取引に特有の規制内容を中心に説明する。ただし，不当な勧誘行為等の禁止，事業者の書面交付義務，クーリング・オフ，中途解約などの規定は，連鎖販売加入者が事業を店舗等によらないで個人で行う場合に限り適用される（34条1項他）。

　また，事業者に対する規制は，原則として統括者（＝連鎖販売業で扱う商品に自己の商標を付すなどし，約款を定め，または継続的に経営に関し指導を行うなど，一連の連鎖販売業を実質的に統括する者〔33条2項〕），勧誘者（＝統括者が連鎖販売取引について勧誘を行わせる者〔33条の2第1項かっこ書〕），一般連鎖販売業者（＝統括者または勧誘者以外の，連鎖販売業を行う者〔同第2かっこ書〕）に適用される（以下，三者を対象とするときは「統括者等」という）。

　①　不当な勧誘行為等の禁止（34条）

　統括者等は不当な勧誘行為が禁止されており，禁止行為もおおむね訪問販売等の場合（**1**・④の(a)(b)(c)(d)）とほぼ同様である。ただし，契約にかかる重要な事項に，特定負担に関する事項，特定利益に関する事項等が追加されている点，統括者および勧誘者に対しては不実のことを告げる行為(a)と故意に事実を告げない行為(b)が禁止されている（34条1項）が，一般連鎖販売業者に対しては不実のことを告げる行為(a)が禁止されているのみである（同条2項）点に注意を要する（なお，(c)(d)は三者に対し禁止されている）。

　②　クーリング・オフ（40条）

　クーリング・オフの規定も，行使期間が法定の契約書面受領日から20日間であることを除けば，訪問販売等に関する規定とほぼ同様である。契約の仕組みが複雑であることなどから，連鎖販売加入者

が冷静になって契約内容について見直す期間として20日間を設定している。期間内に書面で発信すればよく，クーリング・オフ行使の妨害行為に対する規定も置かれている（妨害行為があった場合の期間延長も20日間である（40条の2第1項かっこ書））。

なお，再販売型のマルチ商法の場合，クーリング・オフの起算日は法定の契約書面の受領日または商品の受領日のいずれか遅い方から20日間である。また，訪問販売等と異なり，消耗品に関する規定がないため，健康食品や化粧品等の消耗品を使用していてもクーリング・オフが可能である。

【Case 3-5】のＱ1では，契約締結した日に法定の契約書面を受け取っていたとしても，法定書面受領から20日以内であるため，Ⅰはクーリング・オフすることが可能である。

③　中途解約権＋中途解約時の損害賠償額の上限の定め（40条の2）

クーリング・オフ期間の20日間を経過した場合も，連鎖販売加入者は，当該契約を将来に向かって中途解約することができる。中途解約した場合の違約金の上限については，統括者は以下の金額を超える額を請求できないとされている（40条の2第3項）。

(a)　解除が商品の引渡しおよび役務の提供の開始前の場合　　(i)契約の締結および履行のために通常要する費用の額。

(b)　解除が商品の引渡し後の場合　　(i)+(ii)引き渡された商品の販売価格に相当する額+(iii)提供された特定利益その他の金品に相当する額。

(c)　解除が役務の提供開始後の場合　　(i)+(iv)提供された役務の対価に相当する額。

また，加入契約締結後1年以内に解約する場合には，解約前に締結した商品の売買契約の解除，すなわち商品の返品が可能である。

ただし，当該商品の引渡しを受けた日から90日以内であること，当該商品を再販売していないこと，当該商品を消費していないことを要する（40条の2第2項）。清算時の違約金（損害賠償額）は，当該商品を返還する場合または当該商品の引渡し前の場合は，当該商品の販売価格の10分の1に相当する額が上限とされる（当該商品を返還しない場合は，当該商品の販売価格に相当する額が上限となる）（40条の2第4項）。

【Case 3-5】のQ2で，Iは，契約締結後3ヶ月経過しており，クーリング・オフ期間は経過しているが中途解約は可能である。違約金の上限は(b)の(i)＋(ii)＋(iii)となるが，Iは入会後1年以内であるため，(b)の(ii)について90日以内に取り寄せた商品は未使用であれば，当該商品の販売価格の10分の1を超えない額を支払うことで，売買契約の解除，すなわち返品することができる。

| 無限連鎖講の防止 に 関 す る 法 律 |

本法はネズミ講の危険性にかんがみ，これを「無限連鎖講」として全面的に禁止している。本法はわずか7条から成る。第1条の目的規定では，「この法律は，無限連鎖講が，終局において破たんすべき性質のものであるのにかかわらずいたずらに関係者の射幸心をあおり，加入者の相当部分の者に経済的な損失を与えるに至るものであることにかんがみ，これに関与する行為を禁止する」こと等により「無限連鎖講がもたらす社会的な害悪を防止することを目的とする」と規定している。

(1) 定　義（2条）　本法において「無限連鎖講」とは以下のものをいう。(a)金品（財産権を表彰する証券または証書を含む）を出えんする加入者が無限に増加するものであるとして，(b)先に加入した者が先順位者，以下，これに連鎖して段階的に2以上の倍率で増加する後続の加入者がそれぞれの段階に応じて後順位者となり，(c)順次先順位者が後順位者の出えんする金品から自己の出えんした金

品の価額等を上回る価額の金品を受領することを内容とする金品の配当組織。

【Case 3-6】のように，ネズミ講の勧誘では，当初，詳しい仕組みの説明がなされることは稀である。ただ，1口3万円を支払って入会すること，「後から入会した会員が増えるごとに配当が入る」との説明，さらに後続の「会員を4名入会させる」ことが求められていることなどから，この組織は本法にいう「無限連鎖講」に該当すると考えられよう。

(2) 規制内容　(a) 無限連鎖講の禁止（3条）　何人も，無限連鎖講を開設，運営，講への加入，加入することの勧誘およびこれらの行為を助長する行為をしてはならない。本法では，無限連鎖講に関わるすべての行為を禁止している。

(b) 国および地方公共団体の任務（4条）　国等は，無限連鎖講の防止に関する調査および啓もう活動を行うことが義務づけられている。

(c) 罰則規定（5条～7条）　無限連鎖講を開設し，または運営した者は，3年以下の懲役もしくは300万円以下の罰金（併科も可能）に処せられる（5条）。

業として無限連鎖講に加入することを勧誘した者は，1年以下の懲役もしくは30万円以下の罰金に処せられる（6条）。

無限連鎖講に加入することを勧誘した者は，20万円以下の罰金に処せられる（7条）。

したがって，【Case 3-6】では，Kは，自ら無限連鎖講を開設し運営しているか，あるいは業としてJを勧誘したか等による違いはあるとしても，上記のいずれかの刑罰に処せられる。また，Jが友人をセミナーに連れて行ったとすると，無限連鎖講に加入することを勧誘した者として処罰される可能性があろう。

第**4**章 消費者信用取引

1 はじめに

　手元に現金が足りない場合にも，例えば，クレジットカードを利用して後払いをしたり，金融機関から借入れをしてローンを組むことで，買物をすることが可能となる。これは，後で必ず返すことができるという消費者の信用力に基づいて成り立つものであることから，「消費者信用」という。消費者信用は「販売信用」（クレジット取引）と「貸付信用」（消費者金融）からなる。両者を包括的に規制する法律はなく，前者については「割賦販売法」（以下，割販法）が，後者については「利息制限法」「貸金業法」「出資の受入れ，預り金及び金利等の取締りに関する法律」（出資法）（以下，これらを「貸金3法」と呼ぶ）が対応している。

　日本では1960年代に高度経済成長期を迎え，テレビや冷蔵庫などの家電製品が登場したものの，値段が高く，庶民にとって高値の花となっていた。しかし，「月賦」といった後払い方法が登場したことで，購入が可能となり，徐々に割賦販売の利用が増加していった。また，同時期にサラリーマンや公務員など安定した収入がある人を対象に，無担保の高利で貸し付けるサラリーマン金融（サラ金）が登場し，消費者金融は急速に拡大していった。その反面，クレジット取引，消費者金融のいずれにおいても深刻な社会問題が起こっており，繰り返し，法改正が行われている。

　本書では，消費者被害の現状と背景を説明したうえで，割販法を

めぐる法制度，消費者金融に関する法制度を説明していく。

2　消費者被害の現状と背景

　日本クレジット協会が毎年公表している「日本のクレジット統計」によると，2011年の販売信用供与額は44兆2038億円で，GDPの9.4%を占めていたが，2022年は102兆9,852億円で，GDPの18.5%と取引高が大きく拡大している。なかでも，クレジットカードショッピングの販売信用供与額は93兆7,926億円に達し，全取引の約9割を占めている。

　その反面，クレジットカード不正利用被害の発生状況について，2014年度の被害額は114億円であったが，2022年度には436億円に上昇している。不正利用の内訳は，偽造カード被害額が1.7億円（0.4%），番号盗用被害額が411.7億円（94.3%），その他不正利用被害額が23.3億円（5.3%）となっており，番号盗用被害が突出している。このため，経済産業省は，2022年より「クレジットカード決済システムのセキュリティ対策強化検討会」を複数回開催し，消費者の利便性も念頭においた消費者利益の保護の観点と，クレジットカード決済システムの信頼性確保の観点から，様々な措置を実施すべきことを提言している。

　また，PIO-NETに集積された2022年の販売信用に関する消費生活相談件数は22万6,755件で，そのうち，「2ヶ月内払い」の割合が2012年度以降増加しており，2022年には信用販売全体の7割を占めている。これは，ECサイトでのインターネット通販において利用されている決済手段の1つである「立替払い型の後払い決済サービス」でのトラブルが増えていることがあげられる。立替払い型の後払い決済サービスは，消費者・販売店・後払い決済サービス事業者

の三者間取引で，クレジットカードをもたない消費者でも利用でき，利用限度額はクレジットカードほど高くない。もっとも，立替払い型の後払い決済サービスには，割販法や資金決済法の適用はなく，過剰与信防止や苦情処理，加盟店調査等については後払い決済サービス事業者の自主的な取組みによることになる。そのため，①消費者の支払い能力を超えた請求がされる，②消費者トラブルへの対応が不十分，③加盟店調査等が十分ではないといった問題点がみられる（国民生活センター「消費者トラブルからみる立替払い型の後払い決済サービスをめぐる課題」(2020年))。

消費者金融について，2006年に貸金3法の抜本的改正が行われた。これにより，いわゆるグレーゾーン金利（122頁参照）の廃止，上限金利規制，総量規制などが導入され，多重債務問題の改善が図られた。

その後，貸金業法の規制対象外となっていた銀行によるカードローンでの貸付残高が急激に拡大し，自己破産件数も上昇傾向にあった。そこで，2016年頃から金融庁が問題に取り組み，業界でも自主規制ルールを導入するなどして対応することとなり，貸付残高・自己破産件数が減少していった。

2020年以降は，新たな多重債務問題が生じている。新型コロナによる収入の喪失・減少により困窮者が増加したことで，緊急かつ一時的に生計の維持が困難となった場合に貸付を受ける「緊急小口資金」（最大20万円）と生活再建までの資金を貸し出す「総合支援資金」（最大9ヶ月で180万円）が2020年3月から開始された。同制度は，2022年9月に終了したが，合計貸付金額は総額1兆4,289億円に達している（全国社会福祉協議会政策委員会「コロナ特例貸付からみえる生活困窮者支援のあり方に関する検討会報告書」(2020年12月))。2023年1月より返済が始まったが，返済の目途が立たずに自己破産に至

るケースが多い。

さらに給与ファクタリング，SNS での個人間融資および「後払い現金化」といった新たなヤミ金被害が出ている。

3　割賦販売法

【Case 4-1】　A 宅へ訪れた販売業者 B は，A との間で健康食品についての売買契約を締結した。売買代金が高額であったことから，A はクレジット業者 C との間で個別信用購入あっせん契約を締結した。翌日，改めて家族と相談したところ，A は不要な契約をしたと思い直して，売買契約についてクーリング・オフをしようと考えたが，その場合にもクレジット代金を支払い続けないといけないか。

【Case 4-2】　D は，美容医療サービスを受けようと契約を締結したが，契約金額が高額だったので，クレジットカードを使い，12 回の分割払いで支払うことにした。その後，施術を受けることなく，当該美容医療機関が倒産した。後日，クレジットカード会社から支払いの請求が届いたが，支払わないといけないのか。

【Case 4-3】　E は販売店 F から，「ローンを組めない高齢者のために人助けと思って名前を貸してほしい。支払いはうちが責任を負うから絶対迷惑はかけない」と懇願されたので，クレジット会社 G との間で個別信用購入あっせん契約を締結した。数日後，G から督促状が届き，E は販売店 F が数ヶ月前より営業を停止し，破産手続開始が決定していたことを知った。このような場合でも，E は G に対して支払いをしないといけないか。

　割販法は，1961年にいわゆる業法として制定された。これは，既述のとおり，家電，家具，自動車などの耐久消費財の普及に伴い，急速に消費者信用が拡大したことから，割賦販売に関する流通秩序の確立を目的としたものである。

　本法が分割払いについて規制を行う理由は，①分割払いとした場

合，現金により一括して代金等の支払いを行う場合と比べ，手数料等がかかり，また，消費者にとって取引内容が分かりにくくなる面がある，②後払いの場合には消費者は手元に多額の現金がなくても高額の商品等を購入することができ，高額商品の強引な販売に悪用されやすい，③消費者が分割払いの代金を前払いする場合，前払いされた資金が事業者によって適切に確保されている必要がある，と説明されている。

当初の規制対象は，現在の割賦販売，前払式割賦販売，包括信用購入あっせんの３種で，いずれも政令指定商品制がとられていた。その後1972年改正によりローン提携販売，前払式特定取引が，1984年改正により個別信用購入あっせんが規制対象に追加された。

また，割販法の消費者法としての特色の１つとして，1972年改正において，日本で初めて店舗外での割賦販売におけるクーリング・オフ制度を導入したことがあげられる。なお，実務においては，特商法におけるクーリング・オフの利用が多かったことから，2008年改正により，訪問販売等において個別信用購入あっせんを利用する場合を規制対象とした。

1 割賦販売法の規制対象

規制対象の取引分類 本法は，割賦払取引を規制対象としたものであるため，後払いだけでなく，「前払式割賦販売」や「前払式特定取引」といった前払いの取引も対象としている。なお，前払式取引のうち，磁気方式やIC方式のプリペイドカード型電子マネー，インターネット取引上でのサーバー型電子マネーなどのように事前にチャージするような「前払式支払手段」は，資金決済法の規制対象となる。

本法では，①契約主体，②契約方式，③支払方式，④適用対象品

目により分類された取引を対象としている（**図表4‐1**参照）。

① 契約主体

クレジット取引には，販売業者・役務提供業者自身が取引を行う「2者型」（自社方式）と，販売業者等とは別の信用供与事業者（以下「クレジット業者」という）が立替払い等の取引を行う「3者型」がある。

本法では，2者型の取引として「割賦販売」「前払式割賦販売」を定めており，3者型の取引として「ローン提携販売」「包括信用購入あっせん」「個別信用購入あっせん」「前払式特定取引」を定めている。

3者型の契約主体であるクレジット業者には，信販会社系，銀行系，流通系，メーカー系などがあるが，本法ではこれらの事業主体の種類による区別は行われていない。

② 契約方式

あらかじめ極度額や支払条件等を設定するなど包括的に条件を定めてカード等を交付し，与信枠の限度内で繰り返し取引を行う「包括式」と，商品販売や役務提供のたびに与信審査を行い，立替払契約を締結するという「個別式」がある。

本法では，物理的にクレジットカードが交付されなかった場合も「カード等の交付」に該当するとみなされるため，近時のスマートフォンに番号が発行されるカードレスの場合にも，包括信用購入あっせんに該当する。

③ 支払方式

割賦払いとは，「2ヶ月以上の期間にわたり，かつ3回以上に分割する方法」をいう。これにより，分割払い，リボルビング払い（リボ払い），2ヶ月超のボーナス一括払い等が適用対象となる。

包括・個別信用購入あっせんでは，「2ヶ月を超えない範囲で支

図表 4-1　割販法が定める取引の分類

契約類型	契約主体	契約方式	支払方式	適用対象品目
割賦販売 （2条1項）	2者型 （自社方式）	包括式，個別式 （1号）	割賦払い	指定商品・指定役務・指定権利
		包括式（2号）	リボルビング	同上
前払式割賦販売 （11条）	2者型	包括式，個別式	前払割賦	指定商品
ローン提携販売 （2条2項）	3者型	包括式（1号）	割賦払い	指定商品・指定役務・指定権利
		包括式（2号）	リボルビング	同上
包括信用購入あっせん（2条3項）	3者型	包括式	2ヶ月超後払い	全商品・全役務・指定権利
			リボルビング	同上
個別信用購入あっせん（2条4項）	3者型	個別式	2ヶ月超後払い	同上
前払式特定取引 （2条6項）	3者型		前払割賦	全商品，指定役務

払うものを除く」と規定していることから，クレジット取引であった場合にも，翌月1回払いで利用額がすべて引き落とされて支払残高が0円となる，いわゆる「マンスリークリア（monthly clear）」と呼ばれる方式を適用対象外としている。この支払方式は，手数料もかからず，現金での取引とほぼ同視できることから，規制の必要性が低いとして適用対象から外されている。なお，リボ払いにおいて利用額が一定額より少額で翌月に1回で決済された場合には，マンスリークリアとならない。

　リボ払いの種類は複数存在するが，そのうち最も利用されているのは，「定額払い」と呼ばれるものである。これは，例えば「月々5,000円の支払い（手数料込み）」と設定した場合（元利定額払い）や「月々商品代金5,000円の支払い（手数料は別途）」と設定した場合

（元金定額払い）のように月々の返済額を固定して支払うというものであり，支払残高に対して手数料が計算され，支払残高がある限り，支払いが続くことになる。このほか，支払残高に対して一定の割合の返済額を設定する「定率払い」と支払残高に応じて複数の返済額を設定する「残高スライド方式」などがある。

④　適用対象品目

包括・個別信用購入あっせんでは指定制を悪用したトラブルが多く，後追い規制となっていたことから指定制を廃止したが，自社割賦やローン提携販売ではあまり被害が生じていなかったことから，指定制が維持されており，指定商品・指定役務・指定権利が対象となる（割賦法施行令別表１，１の２，１の３）。もっとも，包括・個別信用購入あっせんの場合にも，指定権利制は維持されている。

本法で定義している取引は，以下のものとなる。

割賦販売（自社割賦） 　販売業者に対して商品やサービスの代金を２ヶ月以上かつ３回以上の分割払い方式，または，リボルビング方式により支払う取引のことを指す（２条１項）。クレジット業者を介することなく，販売業者等が消費者と直接信用取引を行う「２者型」のクレジット取引である。例えば，自動車販売会社が，毎月１回の12回払いで自動車等を購入者に販売する場合などがあげられる。

自社割賦販売では，販売業者等に対して，割賦販売条件の表示義務（３条），書面交付義務（４条）を課しているが，許可制・登録制はとられていない。

ローン提携販売 　ローン提携販売では，消費者が販売業者から，販売業者が提携する銀行や貸金業者などの金融機関等からローンを受けることができるカードを交付されていることと，販売業者が金融機関等と提携していることが前提となる。そ

の上で，消費者が販売業者等にカードを提示し，商品やサービスの代金を金融機関等から借り入れ，2ヶ月以上かつ3回以上で分割払いを行う取引がローン提携販売である（2条2項）。

ローン提携販売は，消費者が商品代金の支払いのために金融機関等から金銭を借り入れて，販売業者等がそれを保証するという3者型取引としてはじまった。なお，販売業者等が信用保証会社に保証委託を行い，4者型取引のローン提携販売となる場合もある。この場合，「提携ローン」という4者型取引類型と混同されがちであるが，これは，販売業者等が消費者の債務の保証をせず，金融機関等が保証会社の立場となって別の金融機関等から代金相当額の与信を受ける形態のことをいい，個別信用購入あっせんに該当する。

ローン提携販売の利用は，以前は自動車，家電製品，ピアノなどの売買契約においてみられたが，現在ではほとんど利用されていないとも言われており，また，消費者トラブルもみられないことから，指定商品制を維持している。

行為規制として，表示義務（29条の2），書面交付義務（29条の3）が定められているほか，民事ルールとして，抗弁権の接続（抗弁の対抗）（29条の4）が規定されている。

包括信用購入あっせん　クレジットカード会社から発行されたカード等を消費者が商品等の支払いに利用した場合，クレジットカード会社が消費者に代わって商品やサービスの代金を支払い，後日，消費者が代金相当額について支払う取引のことをいう（2条3項）。【case 4-2】のような場合は，これに該当する。

クレジットカード取引は，大きくオンアス取引（on-us Transaction）とオフアス取引（off-us Transaction）の2種類に分けることができる。

図表 4 - 2　オンアス取引の構造

　オンアス取引とは，クレジットカード会社が消費者にクレジット
カードを交付し，加盟店契約を締結している加盟店（販売店等）に
おいて，消費者がそのクレジットカードを利用する場合のことをい
う（**図表 4 - 2**）。

　オンアス取引の契約は，①消費者が，クレジットカード会社の与
信審査を受けた上で，立替払契約を締結し，クレジットカードを交
付してもらう，②消費者は，交付されたクレジットカードを加盟店
において提示し，商品等を購入する，③クレジットカード会社は，
消費者の代金相当額を加盟店に支払う，④消費者は，後日，代金相
当額をクレジットカード会社に支払う，という流れになる。

　従来の割販法では，オンアス取引を前提としており，クレジット
カードの発行やカードの利用者の管理を行うイシュイング業務（こ
うした業務を行う会社を「イシュアー」とよぶ）と加盟店獲得・管理業
務を行うアクワイヤリング業務（こうした業務を行う会社を「アクワイ
アラー」という）を 1 つのカード会社が兼ねていた。

　これに対して，国際的には，イシュアーとアクワイアラーが別会
社となる形態が一般化していった。こうした取引を「オフアス取
引」という（**図表 4 - 3**）。

　オフアス取引は，①消費者がイシュアーによる与信審査を受けた
上で，立替払契約を締結し，クレジットカードを交付してもらう，

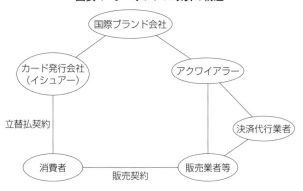

図表 4 - 3　オファス取引の構造

②消費者が，交付されたクレジットカードを販売業者・役務提供業者（以下「販売業者等」という）に提示し，商品等を購入する，③イシュアーがアクワイアラーに対して，国際ブランド会社を通じて消費者の代金相当額を支払う，④アクワイアラーが，販売業者にその代金相当額を支払う，⑤消費者は，イシュアーに対して販売業者等への支払分を支払う，という流れになる。なお，消費者と直接契約関係にないアクワイアラーや決済代行業者は，クレジットカード番号等取扱業者として，加盟店調査義務を負う（35条の17の8）。

　また，2020年改正によって「認定包括信用購入あっせん業者」と「登録少額包括信用購入あっせん業者」が新設された。前者は，包括支払可能見込額調査において，AIを利用した与信審査方法を採用できる事業者として経済産業大臣が認定したものをいう（30条の5の4から30条の6）。そして，後者は，極度額10万円の範囲内で与信枠を設定できるあっせん業者である（35条の2の3から35条の3）。

　両取引に対して，包括信用購入あっせん業者に対する過剰与信調査義務（30条の2），過剰与信の禁止（30条の2の2），契約の解除（30条の2の4）に関しては，特則が設けられており，通常の包括信

用購入あっせん業者への規制より緩和されている。

クレジットカード番号等取扱業者　クレジットカード番号等取扱業者とは、クレジットカード決済のためにカード番号情報を授受または保有する事業者のことをいう。2008年改正により、イシュアー、アクワイアラーに対してクレジットカード番号等の適切管理義務を負わせていたが、その後、多様なキャッシュレス決済関係事業者が登場したことに伴い、イシュアーの直接提携先の加盟店以外でもカード決済を行うことができるようになったために、イシュアーが加盟店の実態を把握・管理することができずにいた。また、クレジットカード番号の不正取得によるトラブルも増加していた。

そこで、2016年改正により、カード決済を利用するイシュアー、アクワイアラーのほかにクレジットカード加盟店を対象に加え、また、2020年改正において、QRコード等決済事業者、ECモール事業者、決済代行業者、クレジットカード番号等取扱受託業者なども広くクレジットカード番号等取扱業者に含むこととした（35条の16）（**図表4-3**参照）。そして、これらのうち、イシュアー、アクワイアラー、決済代行業者に対して、登録制が導入されている（35条の17の2）。

クレジットカード番号等取扱業者は、加盟店調査・措置義務を負う（35条の17の8）。具体的には、加盟店契約の締結時に当該加盟店に対する調査、不適合の販売業者との加盟店契約の締結の禁止、加盟店契約締結後の定期調査、漏洩事故の調査などを行うことが求められている。

個別信用購入あっせん　商品等の代金について分割払いとする場合で、その都度、個別信用購入あっせん業者がその代金を立て替えるかの与信審査を行い、審査が通れば、

個別信用購入あっせん業者がその代金を立替払いし，購入者である消費者が後に当該業者に代金相当額などを支払う取引のことをいう（2条4項）。【case 4-1】のような場合がこれに該当する。

　個別信用購入あっせんでは，悪質な販売事業者等に利用されるケースが多発していたことから，民事規制として，抗弁権の接続（抗弁の対抗）のほか，クーリング・オフ，取消権，解除権が導入されている。また，以前は2ヶ月以上の期間にわたり，かつ，3回以上の分割払いであることが要件であったが，2ヶ月先に支払うボーナス一括払いについても被害が生じていたことから，同取引形態を規制対象に含めた。

　さらに，個別信用購入あっせんは悪質商法を助長していたことから，不適切な事業者を排除するために，2008年改正により登録制が導入された（35条の3の23）。

前払式割賦販売・前払式特定取引　「前払式割賦販売」とは，デパートの「友の会」に加入して，毎月一定額を積み立てると，割増額の商品を購入できるなど，割賦販売業者が指定商品を引き渡すのに先立って，購入者である消費者からその代金の全部または一部を2回以上にわたって受領する割賦販売のことをいう（11条）。また。「前払式特定取引」とは，販売業者以外の事業者が指定商品の販売や指定役務の提供を取り次ぐことに先立ち，商品等の代金について2ヶ月かつ3回以上に分割して受領するものをいい（2条6項），「友の会」のほかに「冠婚葬祭互助会」がある。

　前払式割賦販売は，割賦販売の一類型として位置づけされていることから，前払式割賦販売の規定（11条から29条）だけでなく，割賦購入に関する規定（3条から7条）を遵守しないといけない。指定制が採用されているが，役務および権利については，前払式割賦販売の利用がほとんどないと考えられ，指定商品のみとなってい

る。

　前払式割賦販売は 2 者型取引であり，一方の前払式特定取引は 3 者型取引であるが，いずれも後払いではなく，前払いとなっている（**図表 4 - 4**）。

　前払式割賦販売・前払式特定取引については，消費者が商品の引渡しを受ける前に販売業者が倒産するなどの消費者に不測の損害を与えるおそれがあることから，信用力のある事業者だけが事業を行えるようにするために，経済産業大臣の許可制がとられている（11条，35条の 3 の61）。もっとも，前払式割賦販売業者の許可件数は 0 である（2023年 3 月現在）。

　このほか消費者の前払金保全のために，前払式割賦販売業者に対する営業保証金供託義務（16条），前受金保全措置（18条の 3 ）などが導入されており，また，前払金として支払ったものの販売業者から商品を受領していないときの営業保証金等の還付請求権（21条）や，法定解除権（27条）が消費者に付与されている。前払式特定取引業者も同様の義務を負う（35条の 3 の62）。

2　行為規制

表示義務　消費者が割賦払いの方法で高額商品等を購入する場合，代金支払いの負担感が少ないままクレジット契

図表4-5 行為規制一覧

	表示義務	書面交付義務	過剰与信防止のための措置	登録制
割賦販売	3条1〜4項	4条	38条	なし
ローン提携販売	29条の2	29条の3	38条	なし
包括信用購入あっせん	30条	30条の2の3（情報提供義務）	30条の2（支払可能見込額の調査）30条の2の2，（カード等の交付等の禁止）	31条（登録制）
個別信用購入あっせん	35条の3の2	35条の3の8，35条の3の9	35条の3の3（支払可能見込額の調査）35条の3の4（契約締結の禁止）	35条の3の23（登録制）
前払式割賦販売前払式特定取引	3条1項5号	4条準用	38条準用	11条，35条の3の61（許可制）

約を締結することになりがちであるため，現金取引との条件の違いを比較・検討できるよう，クレジット業者に対して表示義務を定めた。

　販売業者やクレジット業者は，割賦払いの方法により商品等を販売しようとするときや，カード等を交付するときは，あらかじめ「現金販売価格」「支払い総額」「支払いの期間及び回数」「手数料の料率」などの事項を消費者に表示しなければならない。また，これらの事項は不特定多数に向けた割賦販売条件を広告に示す場合にも表示しなければならない。

書面交付義務　クレジット業者等が消費者とクレジット契約を締結したときは，契約締結時に書面を交付しなければならないが，電磁的方法による書面交付も認められている（4条

の2，29条の4）。その場合，あらかじめ，消費者に対して電磁的方法により書面交付を行うことについて，電磁的方法の種類と内容を示して，書面等により承諾を得た場合に限って認められる。消費者の承諾について口頭によることは認められず，また，消費者本人の自由意思であることを担保するために，あらかじめ約款の一条項として挿入することによって承諾を得た形をとることは認められない。電磁的方法の種類として，電子メールの送信，ウェブページを通じたダウンロードの方法，USBメモリなどの記録媒体の交付などがあげられる。

　包括信用購入あっせんにおいては，これまでカード等を消費者に書面で交付する等の取引条件を書面で表示するのが原則であったが，2020年の法改正により，書面の交付か電磁的方法による情報提供かを事業者が選択できるようになったことから，書面交付義務から「情報提供義務」へと改正された（30条，30条の2の3）。もっとも，消費者から請求があった場合には，書面交付義務が発生する（30条3項）。

　なお，認定包括信用購入あっせん業者と登録少額包括信用購入あっせん業者に関して，すべての場面において物理的にカードの交付をせずにスマホやパソコンで決済が完了する場合には，消費者は電磁的方法による情報提供に慣れていることから，書面の交付がなくとも不利益はないと考えられるため，消費者からの請求があった場合にも，書面の交付義務は生じない（30条3項ただし書き）。

過剰与信防止のための措置　消費者の支払能力を無視した次々販売が過去に社会問題化したことや，多重債務問題の深刻化に対する貸金業法の改正などを踏まえ，本法では，過剰与信防止のための措置が設けられている。

　包括信用購入あっせん業者は，消費者とのクレジット契約の締結

前，新規の与信枠の付与時や極度額の増額時，クレジット契約の締結時には，消費者の年収，預貯金，借入残高，支払状況など，支払可能見込額の算定に必要な事項を原則として調査しないとならない（30条の2）。支払可能見込額とは，消費者が持ち家等の資産を譲渡したり，担保に入れたり，また，生活維持費（最低限度の生活を維持するのに必要な1年分の費用）を割賦払いの支払いに充てるなどせず，支障なく支払いができる額のことを指す。このときの調査では，指定信用情報機関が保有する特定信用情報の使用が義務づけられている。現在，指定信用情報機関として株式会社CICが経済産業大臣より指定を受けている。

同結果に基づき，支払可能見込額を超えると判断される場合，クレジットカードの交付・極度額の増額（30条の2の2）が禁止される。

3　民事ルール

割販法では，契約解除の制限，契約の解除等にかかる損害賠償，抗弁権の接続といった民法の原則を修正するルールが導入されている。さらに，次々販売など過剰与信が社会問題化し，2008年改正により，個別信用購入あっせんにおいて，クレジット契約に対するクーリング・オフ，取消権，過量販売の解除権が導入されている。同結果に基づき，支払可能見込額を超えると判断される場合，クレジットカードの交付・極度額の増額（30条の2の2）および個別信用購入あっせん契約の締結（35条の3の4）が禁止される。

契約解除の制限　クレジット業者は，消費者からクレジット契約における支払いがなされないときでも，20日以上の期間を定めてその支払いを書面等で催告し，その期間内に支払いがされないときでなければ，支払いの遅滞を理由として契約を解

除することができない（5条，30条の2の4，35条の2の6，35条の3の17）。これは，強行規定として定められているので，同規定に反する特約は無効となる（5条2項，30条の2の4第2項など）。

　この規定の趣旨は，支払いを1回でも遅滞したときに，契約解除や期限の利益の喪失（支払期日などの一定期限があることによって，債務者が支払いなどの債務を履行しなくてよいとする利益が，失われること）という効果を直ちに発生させては，消費者に過酷であるからと説明されている。

　契約の解除等の制限は，自社割賦業者，前払式割賦販売業者，包括信用購入あっせん業者，個別信用購入あっせん業者には認められ，ローン提携販売業者には認められない。なお，認定包括信用購入あっせん業者や登録少額包括信用購入あっせん業者については，催告期間が20日以上から7日以上に短縮される（30条の5の7，35条の2の6）。

契約の解除等にかかる損害賠償等の制限　民法では，契約の解除等にかかる損害賠償額等を当事者間であらかじめ合意することを認めているが（民420条1項），クレジット契約では，クレジット業者が一方的に高額な損害賠償等を定めるケースが発生していたことから，本規定が導入された。

　クレジット契約が解除された場合には，その契約にかかる支払総額に相当する額に対して法定利率（民法による）による遅延損害金の額を加算した金額を超える額の金銭の支払いを消費者に対して請求することができない（6条，30条の3，35条の3の18）。同規定は強行規定であることから，これを超過する部分は無効となる。

所有権留保の推定　自社割賦販売により販売された指定商品の所有権は，契約において所有権留保の特約が明示されていなくても，割賦払いの全額支払いが履行されるときまで

は，販売業者に所有者が留保されたものと推定される（7条）。推定規定であることから，これと異なる特約を両者の間で合意することは可能である。

　健康食品などの直ちに使用されることが予定されている商品については，対象外とされる。また，リボルビング方式にも適用がない。

抗弁権の接続（抗弁の対抗）　販売業者等からの商品の引渡しがないといった場合に，消費者は，販売業者等との間で生じている事由をもって，支払いの請求をするクレジット業者に対抗することができる。これを「抗弁権の接続」（抗弁の対抗）という。包括・個別信用購入あっせんには1984年改正により，ローン提携販売には，1999年改正により抗弁権の接続規定が導入された。

　形式的には，クレジット契約と販売契約，役務提供契約（以下「販売契約等」という）は別の主体によって締結されたものであるため，クレジット業者は，販売契約等が取り消されたり，解除された場合にも，クレジット契約に対してその影響が及ばないという趣旨の条項を設けることが通例であった。

　そうしたなかで，割販法では，クレジット業者と販売業者等の間には密接不可分な関係性が存在し，クレジット業者は販売業者等を監督できる立場にあるということから，特別に販売業者等に主張できる抗弁をクレジット業者に対しても主張することができるようにした。そのため，ローン提携販売（29条の4），包括信用購入あっせん（30条の4，30条の5），個別信用購入あっせん（35条の3の19）において認められている。

　クレジット契約において支払総額が4万円未満（リボルビング方式の場合には38,000円未満）である場合，クレジット業者による対応等の負担が過大であるとして，抗弁権の接続を主張することはできな

い（30条の4第4項，35条の3の19第4項）。

　【case 4-2】の場合，包括信用購入あっせん取引に該当するので，抗弁権の接続を主張して，クレジット業者に対して支払いを拒絶することができる。なお，マンスリークリアの場合は適用対象外となるため，抗弁権の接続をクレジット業者に主張することができない。

個別信用購入あっせんにかかるクーリング・オフ　特商法における5類型（訪問販売・電話勧誘販売・特定継続的役務提供・連鎖販売取引・業務提供誘引販売取引）では，個別信用購入あっせんと組み合わせることにより，手元に現金がない場合にも，高額の販売契約等を締結することが可能となり，消費者被害が拡大するケースが見られた。そこで，販売契約等をクーリング・オフできる場合において，個別信用購入あっせんもクーリング・オフが可能となり，消費者による既払金の返還が認められている（35条の3の10，35条の3の11）。なお，この規定は強行規定であることから，クレジット業者がこれとは別の特約を設けた場合，その特約は無効となる。

　クーリング・オフは，特商法のルールと同様に，クレジット契約締結時における書面交付時，申込書面交付時のいずれか早い時点から起算され，書面受領日から8日または20日以内であれば解除することができる。また，クーリング・オフは，書面を発した時にその効力を生ずる（35条の3の10第2項，35条の3の11第4項）。

　販売業者等が，クーリング・オフの行使を妨げるため，不実告知・威迫行為により消費者を誤認・困惑させるといったクーリング・オフ妨害があった場合には，クーリング・オフを行うことができる旨を記載した書面を新たに交付した日から起算して8日を経過するまで，クーリング・オフ期間が延長される（35条の3の10第1項ただし書）。

クーリング・オフがあった場合，販売契約等もクーリング・オフされたものとみなされる連動規定がある（35条の3の10第5項，35条の3の11第7項）。これにより，クーリング・オフに伴う損害賠償等の支払いを請求することは認められない（35条の3の10第3項，35条の3の11第5項）。そして，個別信用購入あっせん業者は，申込者等から受領している既払金を速やかに返還しなければならない。

　【case 4-1】の場合，Aは，Bの訪問販売で健康食品に関する売買契約を締結しているので，AはBから契約書面の交付を受けた時から8日以内であれば，Bに対してクーリング・オフができる。そして，Cとの契約は個別信用購入あっせんに該当することから，Cに対してもクーリング・オフの主張が可能となる。割販法では上記の連動規定により，Cに対してクーリング・オフをすれば，Bとの売買契約についてもクーリング・オフをしたことになる。

個別信用購入あっせん
に か か る 取 消 し　特商法における5類型にかかる個別信用購入あっせんにおいて，不実告知，不利益事実の不告知があった場合には，クレジット契約に対する取消しが認められる（35条の3の13から16）。従来，販売契約等について特商法に基づく取消しが認められる場合にも，個別信用購入あっせんについては，当然にはその取消しの効果が認められず，消費者は，個別信用購入あっせん業者からその立替払金相当額の請求を受けてしまうなどの事態が生じていた。そこで，販売業者等が個別信用購入あっせんの媒介を委託された第三者に当たるという解釈を採用して，本規定が導入された。

　取消しの効果について，割販法に特別の規定がない部分については，民法の規定に基づいて契約は遡及的に無効となる（民121条本文）。それにより，個別信用購入あっせん業者から販売業者等に対して交付されている立替払金は，販売業者等から個別信用購入あっ

せん業者に返還される。消費者が個別信用購入あっせん業者に支払った既払金については，個別信用購入あっせん業者から消費者に返還されることとなる。

【case 4-3】は，個別信用購入あっせんにおける名義貸しの事例である。Ｅのような名義貸人による抗弁権の接続の主張は，名義を勝手に冒用される場合ではなく，自ら自己名義の使用を許諾していることから，信義則上許されないという裁判例が多い。他方で，販売業者Ｆの告知内容が35条の3の13第1項6号規定の「購入者の判断に影響を及ぼすこととなる重要なもの」にあたると判断した最高裁（最判平成29・2・21民集71巻2号99頁）があり，クレジット会社Ｇとのクレジット契約について取消しが成立する可能性がある。

取消権は，追認できる時から1年間行使しなかったとき，または，個別信用購入あっせんについての契約締結から5年経過したときは，時効によって消滅する（35条の3の13第7項）。

個別信用購入あっせんにかかる過量販売解除権

高齢者などの判断力が不十分であったり，毅然と断ることが難しい消費者を狙った次々販売が2005年以降社会問題となり，対応が求められるようになった。

そこで，個別信用購入あっせんが利用された訪問販売および電話勧誘販売が，特商法9条の2および24条の2に規定する過量販売に該当する場合には，その販売契約にかかる個別信用購入あっせん契約を解除することができる（35条の3の12）。クーリング・オフと異なり，書面で解除権を行使することは求められていない。解除期間は，クレジット契約を締結してから1年間である（同条2項）。

また，クーリング・オフで認められている連動規定はないことから，消費者は販売業者等・個別信用購入あっせん業者の両者に解除権を行使する必要がある。これにより，個別信用購入あっせん業者

は，消費者から受領した既払金を返還する義務を負う（同条6項）。

4 行政処分

報告・立入検査

割販法に基づく改善命令，勧告，登録等の取消し，業務停止命令等の行政処分を行う前提として，クレジット業者の業務の実態を把握する必要がある場合，主務大臣（基本的には経済産業大臣）は当該事業者に対して報告や資料提出を求めることができる（40条）。同様に，行政処分を適切に行うための調査権として，立入検査権が定められている（41条）。

なお，ローン提携販売業者に対しては，業務改善命令等の行政処分権限がないことから，同規定の対象外となる。

契約締結の禁止

消費者の保護に欠けるおそれがある場合，経済産業大臣は，新規契約の締結禁止を命令しなければならない。

前払式割賦販売においては，財政基盤を確保するために，定められた純資産比率を下回った場合としている（15条，20条）。6ヶ月以内に状況が改善された場合には命令は取りされるが（20条2項），6ヶ月以内に回復しなかった場合，許可の取消しとなる（23条1項2号）。

個別信用購入あっせんにおいては，個別信用購入あっせん業者が消費者に対して重要事項の不実告知や故意の不告知，断定的判断の提供，威迫行為をした場合には，個別信用購入あっせんを締結することはできない（35条の3の7）。同規定に違反した場合には，業務改善命令の対象となる（35条の3の21）。

業務改善命令・
業務停止命令

経済産業大臣は，前払式割賦販売業者の財産状況または販売に係る業務の運営を改善するために，必要な措置をとるべきことを命令することができる（20条の

2）。

　包括・個別信用購入あっせん業者に対する業務改善命令には２種類あり，体制整備義務違反に対する場合（30条の６，34条）と各種行為規範に違反した場合（30条の５の３，35条の３の21）に分けることができる。前者については，業務運営の適正化に関する体制整備要件を満たしていない場合などが該当する。後者については，支払可能見込額調査義務，調査における指定信用情報機関利用義務，調査記録の作成保存義務，見込額を超える与信の禁止，業務適正化義務，指定信用情報機関への情報提供義務，指定信用情報機関の情報の目的外使用の禁止などに違反した場合が該当する。

　業務改善命令に違反したときは，登録・許可の取消処分（23条２項）や１年以内の業務停止命令となる（34条の２第２項，35条の３の32第２項）。

登録・許可の取消し　登録・許可の取消しについて，必要的取消事由と裁量的取消事由に分けることができる（23条，34条の２，35条の２の14，35条の３の32，35条の17の11）。必要的取消事由とは，違法状態の存在が明白であり，改善の余地がない場合とされる。そして，裁量的取消事由とは，是正の余地があることから，主務大臣による裁量判断が認められている。

4　貸金業に対する規制法

　昨今，公共交通機関でのポスターやテレビCMなどで目にする「過払金」は，過去のものとなりつつある。過払金とは，利息制限法すなわち私法上の上限金利と，貸金業者に対する行政取締法規である出資法が定める刑罰対象の違法金利との間の間隙であるグレーゾーン金利を根源とする。

図表4‐7　グレーゾーン金利

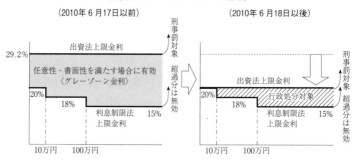

（出典）　金融庁，多重債務者対策本部有識者会議第1回資料を一部改変。

　グレーゾーン金利は，私法上違法だが刑罰を受けないという意味にすぎない。しかし，私法上違法であっても当事者が合意してしまえば，その合意に当事者を拘束する方法を2006年改正前の貸金業規制法で用意されていたため，違法金利であるグレーゾーン金利を消費者は貸金業者に支払い続けていた。

　グレーゾーン金利は元来支払う必要がないので，支払い過ぎた違法金利相当額を過払金とよぶのだが，過払金を招いた貸金業法だけでなく出資法，利息制限法も2006年12月に抜本的に改正され2010年6月に完全施行された結果，グレーゾーン金利の支払可能性は消滅した。隆盛を極めた大手サラ金業者6社も1社しか残らず，過払金請求事件も今後なくなることは明らかだ。

　しかしながら，過払金返還請求事件は民法上債権の消滅時効との関係で残存している上に，消費者にとって無担保で融資を受けられる機関が激減したことは，消費者をヤミ金へ走らせる危険も生じかねない。銀行カードローンのCMが巷にあふれていることも懸念材料である。

　そこで，違法金利対策を概観し，消費者保護を通して社会問題に

目を向けよう。

【Case 4-4】 リボルビング方式の借金（カードローン）

　新入社員のHは，学生時代の仲間と旅行に行く約束をしたが，まだ貯金もなくテレビCMで手軽に銀行窓口でカードローンを得られるとわかり，5万円借りた。また，以前から欲しかったバイクをクレジットカードを使って購入したが，その際リボルビング方式にすると毎月の返済が楽になると思いそうしたが，ほかにもクレジットカードを使ったため返済額が毎月増えていくばかりで，貯金も貯まらず不安だ。

　Q1　Hの最初のカードローン5万円は，2010年5月に契約していた。適正な金利は何％か。

　Q2　リボルビング方式にした場合，消滅時効を援用できるのはどの時点か。

【Case 4-5】 ヤミ金からの借金

　会社員Iは，突然のリストラに遭い，希望する就職先を見つけられず生活費に困り，貸金業者を名乗るJから10万円を借りた。Jは年利40％の利息をとる無認可業者であったが，Bはやむにやまれぬ状況にあった。Iは，Jからの厳しい取立てに悩みつづけるようになった。

　Q　Iを救済する法的な手段にはどのようなものがあるのか。

1　金利に対する規制

　当事者が契約時に合意したとして扱われる約定利率の上限については，民法の特別法である利息制限法が適用される。利息制限法は強行法であり，これを超える利率は違法であり，無効である。過払金は，利息の支払としては無効だが貸主のもとにあるので，過払金と元本を精算する「引き直し」をして，債務者の救済が図るのが「過払金請求」である。

利息制限法　利息制限法は，2006年に改正・公布，2010年に完全施行された。改正法では，従来は特に定めていなかった，営業的金銭消費貸借のみに適用される規定が新たに全5条定められた。営業的金銭消費貸借とは，貸金業者による貸付のことである。

(1) 利　息　　利息については，個人間も営業も同一利率に制限される（利息制限法1条）。元本額に応じて，年15％〜20％の利率が定められ，これを超える利率による利息は無効である。例えば，元本20万円での借金の最高利率は年18％であり，支払うべき利息は1年間の合計が3万6千円となる。これを超える利率の定めを当事者間でしたとしても，強行法である利息制限法に違反しているので，債権者は3万6千円を超える額を受領すると不当利得となり，債務者に返還しなければならない（民703条，704条）。

(2) 営業的金銭消費貸借　　営業的金銭消費貸借に関する内容は，みなし利息（3条）から除外される対象を限定する規定（6条）をはじめとして，賠償額の予定についても利率の年20％への一本化（7条），保証料の制限等の規定（8条，9条）などである。

①みなし利息　　みなし利息とは，元本以外で債権者が債務者から受け取る金銭をすべて利息として扱うことをいう。本来，契約費用は利息ではないために，脱法行為を招く可能性がある。そこで，契約締結費用や債務弁済費用として一括される経費のうち，印紙税等の税金，公証人手数料，債務者の受領・弁済のためのATM等費用，その他債務者からの要請に基づいて債権者が行う事務費用のうち政令で定めるもののみは，みなし利息から除外される。

②賠償額の予定　　賠償額の予定とは，債務者の返済が遅れた場合に債権者に対して支払う損害賠償額をあらかじめ定めておくことをいう（民420条）。いわゆる遅延（損害）金は賠償額の予定と推定さ

れる。その利率について，営業的金銭消費貸借以外では最高年29.2％（最高利率20％の1.46倍），営業的金銭消費貸借では年20％に一本化されている。損害賠償の予定については，債務不履行（支払いの遅延）の時点で，実際の損害が損害賠償の予定額を超えたとしても，その額を変更することはできない。

(3) 元本充当　　利息制限法の定める利率を超える利率による利息は無効とされる（1条1項）。元本40万円年利20％で契約した当事者の場合，1年間の利息は契約のままだと8万円となるが，利息制限法による利率は年利18％なので7万2,000円になり，差額の8千円を元本に充当することとなる（2条）。

出　資　法　2006年には出資法も改正された。従来は年利29.2％を超える金利で貸し付ける無登録業者をヤミ金といったが，改正法により年20％を超える貸付をする無登録業者がヤミ金と呼ばれる。また元本額にかかわらず，上限金利は一律20％とされ，これを超える金利は違法金利として無効とされる上に刑事罰が科される。

ヤミ金に対する刑事罰は，年利20％超109.5％以下については，5年以下の懲役もしくは1,000万円以下の罰金であり，109.5％超の年利については10年以下の懲役もしくは3,000万円以下の罰金として，厳罰化されている（出資法5条）。改正法施行前に締結された利息契約にもこれらの厳罰は適用される。

2　遅延利息──損害賠償額の特約

金銭消費貸借契約では，損害賠償額を契約内容として定めることができる。当事者間で特にこれを定めなかった場合には，民事法定利率によって計算される（民419条1項）。契約に損害賠償額の利率を定めた場合の利率も，金利とは別であるが約定利率という。

支払期限までに、債務者がすべての弁済ができなければ、債務者は債務不履行責任を追及されることとなる。その内容は履行すべき金額（費用、利息、元本）に、損害賠償額が加えられたものである。損害賠償額につき、約定利率があればそれが法定利率に優先し、また約定利率以上の損害賠償責任を負う必要はない。この約定利率が一定の率で定められることが多いため、一般的には遅延利息と呼ばれる。しかし、内容は損害賠償額であり、改めて遅延利息と呼ぶことにより、債務者は損害賠償の他に遅延利息も負担しなければならないと誤解しかねない。そこで、遅延利息ではなく損害賠償額の特約と呼ぶことが適切である。

当事者間で、損害賠償額の特約についての定めはないが、利息債権についての約定利率がある場合には、損害賠償額の特約の割合はどのようになるのだろうか。例えば100万円の元本につき、年利10％での利息の特約がある場合には、年利の特約が損害賠償額の特約にも適用され、損害賠償額は年利10％で計算される。

損害賠償額の特約の利率であっても、利息制限法の適用を受ける。すなわち、利息制限法が定める年利の1.46倍を超える部分は無効とされ、友人間などの消費貸借では1.46倍で引き直しがされる。貸金業者との消費貸借では、上限金利を年20％に一律化されている。

3　貸金業の規制等に関する法律から貸金業法へ

貸金業規制法は、サラ金三悪といわれる「高金利」、「過剰貸付」、「暴力的取立て」に対応するために1983年に制定され、2003年にはヤミ金対策法としての改正もなされた。しかし多重債務者問題は貧困問題へと一層の深刻化を示すようになり、多重債務者の発生を防止するために、2006年に貸金業者の規制だけでなく適正化をも目的

として，従来の「規制法」は企業倫理を守るための「業法」へと改正された。

改正された貸金業法には，①金利体系の適正化，②ヤミ金の罰則強化，③過剰貸付の抑制，④行為規制（取立規制），⑤参入規制，貸金業協会による自主ルール，⑥多重債務対策の規定などが盛り込まれた。

金利体系の適正化　(1)　契約締結費用と債務弁済費用は従来の制限金利を潜脱するためにとられてきた。改正法ではこれらの費用を，上限金利に算入させる。また，保証料も合算して算入させ，合算の結果超過した部分の保証料を無効とし，保証業者には刑事罰が科される（貸金業法12条の8など，→利息制限法（124頁））。

(2)　上限金利の引下げについては，出資法の箇所（125頁）を参照。

ヤミ金の罰則強化　違法な高金利は処罰される。貸金業者による違法金利については，出資法5条の適用を受ける。無登録業者の無登録営業は禁じられ，出資法と同様の刑罰が科される（貸金業法47条2号）。

過剰貸付の抑制
——総量規制の導入　1社から50万円以上，他社と合わせて100万円を超える貸付を受ける場合，総借入残高が年収の3分の1を超える貸付を原則として禁じる（貸金業法13条の2）。そのために業者には返済能力調査義務が課され（同13条），指定信用情報機関に貸付を全件登録することが原則とされる（同41条の35）。ただし，住宅ローン等については対象外とする。

行為規制　(1)　適合性原則　当該契約を締結するにあたって債権者は，債務者の判断能力や資産状況を顧慮する義務があり，その保護に欠けるような勧誘を行ってはならない（貸

金業法16条3項)。契約締結の意思がない旨を債務者が表示した場合
の勧誘も禁じている（同条4項）。

(2) 書面交付義務・説明義務（同16条の2，17条）　貸金業者に，
契約締結前と契約締結時に書面の交付を義務づける。いわゆるリボ
ルビング契約を極度方式基本契約（同2条7項）と定義して，契約
内容の説明書面の交付を義務づける。保証契約がある場合には保証
人に対しても同様である。

(3) 生命保険契約に関する書面交付義務，自殺を保険事故とする
保険契約締結の禁止（同12条の7，16条の3）。

(4) 公正証書に関する説明義務（同20条）　契約に関して公正証
書を作成すると訴訟を起こさなくても強制執行が可能であること
は，法律の知識がなければわからない。そこで公正証書作成の意義
についての説明義務を業者に負わせている。同様に，連帯保証人に
対する説明義務も負わせ（同16条の2第3項，17条3項～5項），両者
について書面を交付しなければならない。

(5) 取立行為規制（同21条）　深夜の居宅訪問など，威迫や平穏
を害する言動に該当すると認められれば，改正前も行政処分や罰則
の対象とされた。改正法では，さらに以下の取立ても禁止してい
る。債務者から弁済等の時期について申出を受けているにもかかわ
らず，正当な理由なく，日中に電話や訪問による取立てを行うこ
と。債務者から退去すべき意思を表示されながら，居宅や勤務先等
から退去しないこと。そしてこれらの行為をすると告げることなど
の3類型である。違反行為は行政処分の対象となる（同24条の6の
3，24条の6の4）ほか，刑事罰も科される（2年以下の懲役または
300万円以下の罰金〔同47条の3第1項3号〕）。

**参入規制，貸金業協会
による自主ルール**　(1) 参入規制　貸金業者には純資産額
が5,000万円必要である。そして，内閣総

理大臣（金融庁）または都道府県知事の登録を受け（同3条），3年ごとに登録は更新を受けねば効力を失う。

登録要件も強化され，コンプライアンス体制が確立（同6条1項15号）されていない場合に，登録の取消し，業務の全部または一部停止とされ，登録更新が拒絶される場合もある（同6条，24条の6の4，24条の6の5）。コンプライアンス体制確立のために，貸金業務取扱主任者制度が創設され，資格試験の合格者が主任者として登録され，各営業所または事務所ごとに配置されねばならない（同12条の3，24条の25）。

(2) 自主ルール　　従来の貸金業協会連合会は，全国と各都道府県との二層構造のために，組織としての一体的機能が困難であった。また任意加入のため，制裁力が弱かった。改正法では，全国組織の貸金業協会の設立を確保し，各都道府県に支部設置義務を定めた（同25条，34条）。この新協会への非加入業者には加入を促すべく，社内規則制定の義務づけと，その遵守状況の当局による監督が定められている。

新協会の自主ルールは，過剰貸付の防止，リボルビングその他の返済に関する事項，広告，勧誘，取立てに関する事項を定め，当局により認可を受けることで，業務の適正化が図られている（同法32条，33条）。

多重債務対策　国民生活センターに寄せられた多重債務の相談件数が，2019年には23,658件だったのが，2022年には14,039件に減少している。相談内容には，低収入のほかに家族のクレジットカード利用などがあげられている。過度の借入を防ぐために，年収の1／3以下に借入を制限する総量規制が導入されたが，ヤミ金には有効ではない。

このような状況では，法改正による効果は一定程度は認められて

も，問題の様相が変わっているにすぎない。法改正に伴う附則66条は政府の責務として，各施策の総合的かつ効果的推進の努力規定を定めた。これを受けて，多重債務者対策本部では，調査結果などが公表されており，2019年には多重債務問題および消費者向け金融等に関する懇談会が設置された。

　他方でIR法の下，カジノがいよいよ2029年に大阪で開業される。矛盾した施策に多重債務者問題の根絶は非現実的である。根強く存在するヤミ金もその一端である（「多重債務者対策本部」https://www.kantei.go.jp/jp/singi/saimu/index.html，「多重債務者対策を巡る現状および施策の動向」https://www.kantei.go.jp/jp/singi/saimu/kondankai/dai11/siryou1.pdf，「金融庁　多重債務者相談の手引き」https://www.fsa.go.jp/policy/kashikin/20110831-1/01.pdf）。

5　多重債務の解決方法

任意整理　任意整理とは，裁判所などの公的機関を通じずに，弁護士に依頼して，利息制限法により利息を引き直し，残債務の弁済方法について和解交渉を行うことである。日弁連（日本弁護士連合会）では全国統一基準を設け，取引経過の全開示を要求すること，最終取引日における残元本の確定，弁済案の提示に際して遅延損害金や将来の利息を付けないこととしている。

　任意整理に際して，出資法上の金利を上回るヤミ金については，利息制限法による引き直しをするまでもなく，債務者が受領した金銭は不法原因給付（民708条）であるので返還する必要はない。過払金については不当利得返還請求ができる。

調停（特定調停法，民事調停法）　債務額が多額でない場合に，債務者が自ら簡易裁判所に調停申立てをし，債務整理を行う

ことができる。調停では債務者は利息制限法による引き直し計算を
して，調停委員のあっせんを受けながら，債権者との間で合意を導
き，合意内容に基づき調停証書が作成される。調停証書には確定判
決と同様の効力があり，両当事者はこれに拘束されることとなる。
いわば，簡易裁判所を通した任意整理ともいえる。

個人再生手続
（民事再生法） 　自己破産とは異なり，自宅を維持しながら債務整
理をする方法で，2001年から導入された個人版民
事再生手続である。債務総額が5,000万円以下で，将来に一定の収
入を得る見込みがある個人が利用できる。

自己破産（破産法） 　任意整理や調停が困難な，多額の多重債務者
が，最終手段としてとることができるのが，
自己破産である。自己破産の申立てをし，「免責決定」を受けると，
全債務を免れることができる。破産であるので，全財産が破産管財
人により売却され債権者に配当される。債務全額を満たさなくとも
この配当額により全債務が消滅する。

6　残された課題

　2010年の改正貸金業法全面施行と，各都道府県での多重債務者対
策の実現により，違法金利，多重債務者問題は改正法施行以前に比
べれば，社会的耳目を集めなくなりつつあり，過払金もやがてはな
くなるはずである。

　しかし目を転じれば，近年では貧困問題，特に女性と子どもの貧
困問題が重大な社会問題となっており，負の連鎖があまりに過酷
だ。さらには年金の資金枯渇も浮上し，格差の拡大により社会不安
も生まれつつある。ヤミ金問題は根深くなり得るし，カードローン
の行方も不透明だ。さらに，不祥事による金融機関への不信感も否

めなくなっている。

　2006年改正に盛り込まれなかった，手形・小切手担保の禁止，仮登記の設定禁止，事業者の個人保証の禁止などが未だ手つかずなだけでなく，民法（債権関係）改正で諾成的消費貸借契約が認められ，保証契約も文書化で要件が満たされるようになったのは，多重債務問題への軽視ともみなせる。利息制限法の上限利率も，預貯金の利率に比べればあまりに高い。

　多重債務者救済のための相談体制の確立とその運用は，もちろん必要である。しかしそれだけでなく，遊興ではなく，生活のために無担保で少額を借りられる環境こそが，消費者にとっては必要であり，それを民間に委ねるのではなく公共事業として施策を講じるべき段階に到っているのではないだろうか。

第**5**章　金融商品取引

1　は じ め に

　1990年代に入り，金融分野の規制緩和（日本版金融ビッグバン）が実行され，銀行，保険，証券の垣根が取り払われ，競争時代に突入した。また金融技術の進展により，金融商品の高度化・複雑化が進み，仕組みが複雑な金融商品が次々登場した。詐欺的な商品による被害も多発したため，投資取引に関する法律の改正が繰り返された。本章では，2023年8月現時点での法律について記述する。

2　金融商品の分類

　金融商品には，元本保証のある投資性の低い預貯金から，投資性の高い金融取引まで様々なものがある。投資性から分類した金融商品は**図表5-1**のとおりである。

デリバティブ取引とは　原資産（国債，通貨，金利などの金融商品・金融指標の取引や，石油，金，大豆などの商品）から派生した取引で，先物取引，オプション取引，スワップ取引（金利・通貨）がある。

市場取引とは　市場取引（取引所取引）は，取引資格を有する業者が，顧客の注文を取引所に取り次いで売買を成立させる取引のことで，国内市場と海外市場がある。これに対して，業者が顧客の売買の相手方となり，売買を成立させる取引のことを

図表 5 - 1　金融商品の分類

投資性	金融商品種類			
弱い	預貯金			
取引	保険・共済			
強い取引	金商法対象取引	有価証券取引（広義）	有価証券取引（狭義）	国債，地方債，社債，株券，抵当証券
				投資信託受益証券，外国証券 など
			有価証券表示権利（証券未発行）取引	
			電子記録移転権利取引	
			みなし有価証券取引	信託受益権
				持分会社社員権
				集団投資スキーム持分　など
		デリバティブ取引	市場デリバティブ取引	
			店頭デリバティブ取引	
			外国市場デリバティブ取引	
	預金取引	外貨預金，デリバティブ預金		
	保険取引	外貨建て保険・年金，変額保険・年金		
	商品先物取引	商品デリバティブ取引（商品市場・海外商品市場・店頭）		
法律規制の隙間を狙う詐欺的取引				

店頭取引（相対取引）という。外国市場取引は，業者と海外委託取引をするか，国内店頭取引をすることでできる。

3　消費者を保護する金融商品関連法

現在，金融商品に関連する法律は複数あり，概観すると**図表 5 - 2**のとおりである。

本章では，**図表 5 - 2**にある法律の内，(1)～(6)について順に説明する。

図表 5 - 2　金融商品関連法の概観図

業法	参入規制		(仲介サービスに関する規制)	(1) 金融商品取引法（金商法）	不動産共同特定事業法	(2) 銀行法	(4) 保険業法	(5) 商品先物取引法（商先法）
	行為規制	特定商取引法						
私法	民事ルール		(6) 金融サービス提供法（金サ法）				(3) 保険法	
			消費者契約法					
			民　法					

(注)　■クーリング・オフ，取消などの民事ルールの適用有り。
　　　(6)2023年11月に法律名称が「金融サービスの提供及び利用環境の整備等に関する法律」に改正。

1　金融商品取引法

　2006年に証券取引法が大改正され関連する4つの法律が金融商品取引法（金商法）に統合された。

　改正の内容は①投資性の強い金融商品を幅広く対象とする横断的な利用者保護法制の構築，②開示制度の拡充，③取引所の自主規制業務の適正な運営の確保，④不公正取引などへの厳正な対応，である。

規制対象商品と対象商品の拡大　金商法の対象となる金融商品は**図表5-1**のうち投資性の強い金融商品で，「有価証券取引」と「デリバティブ取引」である。

　有価証券取引には，国債，地方債，社債，株券，投資信託受益証券，外国証券などがある（2条1項）。また，証券未発行の有価証券をみなし有価証券として対象としている（同条2項柱書）。2006年改

正で，みなし有価証券として，信託受益権全般，集団投資スキーム持分（投資資金を集めて運用し，配当や分配をする仕組み）が追加されている（同条2項）。

デリバティブ取引は，市場・店頭・外国市場デリバティブ取引の3種に分けられる（2条20項）。原資産に従来の有価証券から幅広い資産・指標に関する取引を含めるなど，規制対象範囲を拡大した（同条21〜25項）。暗号資産（仮想通貨）は金商法の規制対象取引ではないが，2019年の改正で，暗号資産を原資産とするデリバティブ取引が規制対象取引に追加された。

外国為替証拠金取引（FX取引）（FXは Foreign Exchange：外国為替の略称）はドルやユーロなどの外国通貨（為替）を売買した際の差益を得ることを目的とした，通貨を原資産とするデリバティブ取引である。投資資金（証拠金）の何倍もの取引が可能で，この倍率をレバレッジという。

【Case 5-1】 Aは知人Bから「ラクに儲かる」とFX取引の自動売買ツールを勧誘された。ツール代金は80万円だが，海外の証券会社で運用し，レバレッジは500倍なので元はすぐとれると言われた。簡単に儲かるなら買おうかと思う。

規制対象業務の横断化 金商法では金融商品取引業の行為（業務内容）を定義している（2条8項）。取扱う行為によって**図表5-3**の4種類に分類し，原則登録制で各分類ごとに参入規制が定められている。

日本の居住者のために又は日本の居住者を相手方として金融商品取引を業として行う場合は，金融商品取引業の登録が必要である（29条）。海外所在業者であったとしても，日本で登録を受けずに金

図表5-3　金融商品取引業の業務区分

第一種金融商品取引業 （28条1項）	流動性の高い有価証券（債券，株式，投資信託等）や，店頭FX取引の販売・勧誘，顧客資産の管理
第二種金融商品取引業 （28条2項）	流動性の低い有価証券（集団投資スキームなど）や市場FX取引の販売・勧誘
投資助言・代理業 （28条3項）	投資助言は投資顧問契約に基づき，投資判断に関し助言を行い，代理業は投資顧問契約又は投資一任契約の締結の代理又は媒介を行う
投資運用業 （28条4項）	投資一任契約に基づく資産運用などをする

融商品取引業を行うことは，金商法違反となり違反者は罰則の対象となる（197条の2第10号の4）。

その他の主な業務　金商法では，金融商品取引業の他に関連業務を規制している。

　登録金融機関業務は，銀行，信用金庫，信用組合等（銀行等）が，登録をすることにより有価証券関連業務（有価証券の売買，媒介，取次など）をすることができる（33条の2）。金商法では，原則銀行等の有価証券関連業または投資運用業を禁止し（33条），本登録をすることにより行うことができるようにした。

　金融商品仲介業は，第一種金融商品取引業者，投資運用業者または登録金融機関の委託を受けて，有価証券売買の仲介等の行為を委託業者のために登録により行う業務である（2条11項）。

　電子募集取扱業務（登録制）は，2014年の改正で創設された。未公開株や集団投資スキーム持分等について，インターネットを利用して募集または私募の取扱等を行う業務（投資型クラウドファンディング）のことで，登録により行うことができる（29条の2第6号）。発行価額が1億円未満および投資家1人当たりの投資額が50万円以下の少額の場合には，最低資本規制が緩和され，第一種・第二種少

額電子募集取扱業を登録することにより行うことができる（29条の4の2，29条4の3）。

適格機関投資家等特例業務は，集団投資スキーム持分の販売・勧誘業または運用業を，適格機関投資家と49人以下の投資判断能力を有すると見込まれる一定の者を相手方として行う「プロ向けファンド」の場合に，特例が適用され届出で行うことができる（63条）。この特例を悪用したトラブルが多発したため，2015年に改正され，届出者の要件や行為規制を厳格にし，出資者の範囲を限定するなどした。

有価証券の募集とは　募集とは，新規発行される有価証券の取得申込みの勧誘のうち，多数の者に対して勧誘を行うものをいい，募集に該当しないものは「私募」となる（2条3項）。

図表 5 - 4　有価証券の募集

有価証券の種類	「募集」となる取得勧誘の人数
株式・社債・投資信託など流動性の高い有価証券	50名以上の者を相手方として取得勧誘をする場合
集団投資スキームなど流動性の低い有価証券	500名以上の者が所有することとなる取得勧誘を行う場合

金融商品取引業者が遵守すべき行為規制の整備　金商法では，金融商品取引業者（以下，「金商業者」という）が有価証券・デリバティブ取引の「販売・勧誘」などを行う際は，行為規制（販売・勧誘ルール）を設けている。主な規制には，掲示義務，広告等の規制，契約締結前・締結時交付書面の交付義務，説明義務，禁止行為，書面による解除，適合性の原則の遵守などがある。

広告等の規制　広告等に表示義務がある主な事項は，金商業者等である旨及び業者等の登録番号などの表示である

（37条1項）。利益の見込みについて，著しく事実に相違する表示や，著しく人を誤認させるような表示をしてはならないとしている（同条2項）。

書面交付義務と説明義務 金商業者には，あらかじめ契約締結前交付書面の交付義務（37条の3）と契約締結後遅滞なく契約締結時交付書面の交付義務がある（37条の4）。書面の記載事項には，①金商業者である旨および登録番号など，②契約の概要や手数料の概要など，③「損失が生ずることとなるおそれ」や「損失の額が，顧客が預託すべき保証金などの額を上回ることとなるおそれ」があるときは，その旨の記載などがある。記載方法は，明瞭かつ正確にし，元本欠損のおそれとその原因などは大きな文字で表示しなければならない（業府令78条）。

特定投資家（後述「プロ・アマ規制」参照）以外の顧客に対し，契約締結前交付書面等を交付する際には，それらの書面に記載すべき事項について，あらかじめ「顧客の知識，経験，財産の状況及び金融商品取引契約を締結する目的に照らして当該顧客に理解されるために必要な方法及び程度による説明をすることなく，金融商品取引を締結することを禁止」し，説明義務を規定している（38条9号，業府令117条1号）。

書面による解除 契約時書面交付と関連付けて，2種類の契約についてクーリング・オフ制度が設けられている。投資顧問契約については，契約時書面受領後10日間は書面による解除ができる（37条の6，施行令16条の3）。電子申込型電子募集取扱業務については，申込日から8日間は電子メールなどで申込の撤回ができる（業府令70条の2第2項6号）。

禁　止　行　為 主な不当勧誘禁止行為には，虚偽告知や断定的判断の提供，確実であると誤解させるおそれのある告知

（確実性誤解告知）を伴う勧誘の禁止がある（38条）。

損失補てん等の禁止　金商法では，金融商品取引により生じた顧客の損失を金商業者が補てんすることを禁止している（39条1，2項）。

　ただし，損失が金商業者の違法行為等による「事故」に起因する場合には適用されず，内閣総理大臣の事故確認（事故確認制度）を受けたり（39条3項，5項），裁判の確定判決や民事調停法の和解，紛争解決手続きなどによる和解が成立したりすれば，損失の賠償ができる（業府令119条）。

適合性の原則の遵守　金商業者は，顧客の意向（金融商品取引契約を締結する目的）と実情（顧客の知識，経験，財産の状況）に合わない勧誘をしてはならない，という原則を定めている（40条）。

プロ・アマ規制　金商法では，プロ・アマ制度を導入し，投資家を特定投資家（プロ）と一般投資家（アマ）に区分している。

　金商業者が特定投資家との間で取引を行う場合には，広告等の規制，書面交付義務，適合性の原則など一般投資家保護の行為規制は適用されない（45条）。

図表5-5　プロ・アマ区分

類　型		該当者
I	特定投資家	適格機関投資家，国，日本銀行
II	特定投資家	投資者保護基金（17頁参照），上場会社など
III	一般投資家	I・II以外の法人，一定額以上の資産を持ち，希望する同契約の経験1年以上の個人など
IV	一般投資家	個人（IIIの個人を除く）

　※IIとIIIは移行可。

FX 取引の投資者保護のための主なルール　FX 取引は高いリスクを伴うことから，投資者保護のためにルールが設けられている。

　証拠金制度（レバレッジ制限）として，個人が店頭 FX 取引を行う際は，取引金額に対して4％以上の証拠金を差し入れ，維持することとしている（レバレッジに換算すると25倍以下）（業府令117条7項）。

　不当勧誘規制として，不招請勧誘の禁止（勧誘を要請していない顧客への勧誘の禁止）（38条4号），勧誘受託意思不確認勧誘の禁止（勧誘前に，顧客の勧誘を受ける意思の有無を確認しないでする勧誘の禁止）（38条5号），再勧誘の禁止（契約を締結しない旨を意思表示をした顧客への勧誘継続の禁止）（38条6号）などがある。

自動売買ツールと金商法　マルチ商法や SNS を経由して，FX 取引などの自動売買ツールの購入を勧誘され，高額な代金を払ったが儲からない，解約したいが販売者と連絡が取れないなどの被害が発生している。ツールの販売者は，ツールの内容によっては，金商法の投資助言・代理業に該当する場合があり，登録がない場合は，無登録営業で金商法違反になる。また，金商法の登録の必要がないツールの販売でも，海外の無登録業者が運用する内容になっている場合，金商法違反となる場合がある（29条）。

　【Case 5-1】の場合，自動売買ツールの購入を検討する際には，まず，運用会社が金商法の登録業者であることを金融庁のホームページで確認し，レバレッジが25倍を超えていないかツールの内容を確認する必要がある。

2　銀行法

銀行法は銀行の業務の健全かつ適切な運営を目指す法律である。

従来，銀行業務の中心は①預金受入れ，②貸付・手形割引，③為替取引の３つで，銀行業務に関しては規制のみであった。金融自由化に伴い，顧客保護に関する規制が随時追加され，金商法制定の際には，特定預金について金商法準用規定が設けられた。

特定預金とは，銀行法が規制する預金取引のうち，元本欠損が生ずるおそれがある投資性が強い金融商品で，外貨建て預金，仕組預金（デリバティブ預金，通貨オプション組込型預金など）が該当する。銀行法13条の４で金商法の行為規制を準用している。準用している行為規制は広告等の規制，契約締結前交付書面の交付義務，契約締結時交付書面の交付義務，適合性の原則，損失補塡の禁止（事故確認の規定は準用していない）などである。

3　保険法

保険は，大きく損害保険，生命保険，医療保険に分けられ，契約の基本ルールを定める保険法と保険業者を規制する保険業法との２つの法律によって規制されている。

【Case 5-2】　Cは職場に勧誘に来た生命保険の外交員Dから勧誘され，持病についてこれくらいの病歴なら告知しなくても保険に加入できるといわれた。信用して大丈夫なのだろうか。

保険法は効力，保険給付，終了について，契約当事者の権利義務など一般的なルールを定めた法律で，商法の保険契約に関する規定を独立した法律にまとめ，2010年に施行された。

規定内容には，告知義務（質問応答義務），告知妨害（保険募集人が正しい告知を妨げること）の禁止，通知義務，超過保険（保険価額より保険金額が多い保険）の禁止などがある。保険金請求権等の消滅時効

（3年，95条）や，保険給付の履行期（21条）が定められている。実際には保険約款で原則，生命保険は5営業日，損害保険は30日と定められている。

【Case 5-2】の場合，既往症を問う質問に対して事実と異なる内容を申告すると告知義務違反となるため，保険契約が強制解約された上，保険金や給付金は支給されず，支払った保険料も返金されなくなる。

4　保険業法

保険業法は保険業を行う保険会社が守るべきルールを定めている。生命保険のトラブルが多かったため，2014年の改正で情報提供義務，意向把握義務，保険募集人の体制整備義務などを規定し，規制を強化した。

保険契約にもクーリング・オフ制度があり，「クーリング・オフに関する書面を受け取った日」または「申込日」のいずれか遅い日から起算して8日間は契約解除ができる。ただし保険期間が1年以内の契約の場合などは，クーリング・オフが適用されない（309条）。

特定保険　特定保険とは，市場リスクを有する生命保険のことで，運用状況や為替変動により解約返戻金，満期保険金や年金原資が大きく変動する可能性があり，損失が生ずるおそれがあるので，「投資性」が強い商品として，販売する際には行為規制の対象とされている。具体的には変額保険，変額年金保険，外貨建て保険，外貨建て年金がある。

保険業法300条の2で，金商法の行為規制の一部を準用している。準用している行為規制は特定預金と同様である（142頁参照）。

5 商品先物取引法

2009年商品取引所法が改正され，従来，規制されていなかった海外商品取引所取引などを取り込んで，商品先物取引法（商先法）として施行された。参入規制は取引内容によって異なる。

商品先物取引は金商法の対象商品ではないが，2012年の金商法改正によって，商品デリバティブ取引の一部の取引が金商法の対象商品に追加されたため，金商法，商先法の両方で規制されることになった。

主な行為規制に，誠実・公正義務，広告等の規制，不当な勧誘の禁止，損失補てんの禁止，適合性の原則，書面交付義務，説明義務，取引態様の事前明示義務などがある。

図表 5-6　商品先物取引の参入規制

国内商品取引所取引	商品先物取引業者としての**許可**
海外商品取引所取引	・大規模顧客のみの場合等は許可制の例外。ただし，国内上場商品を扱う場合は**届出**。
店頭商品デリバティブ取引	
仲介業（委託の媒介のみ）	商品先物取引仲介業者としての登録

不招請勧誘の禁止　2009年の改正前は，訪問販売や電話勧誘販売による商品先物取引契約でトラブルが多発していたため，「勧誘の要請をしていない顧客に対し，訪問又は電話によって勧誘を行うことを禁止」した。禁止された契約は①店頭商品先物取引，②国内・海外商品取引所取引契約のうち，損失の額が取引証拠金等の投資額を上回る可能性のある商品取引契約であった。このような規制によりトラブルは激減したことから，2014年の改正では一定の手続きやルールの下で，不招請勧誘であっても行うことができるように改められた（施行規則102条の 2）。

個人に対して店頭商品デリバティブ取引を行う商品先物取引業者

については，金商法における店頭FX取引と同様，不招請勧誘の禁止規定，レバレッジ規制（取引額の5％，証拠金の20倍まで）などが規定されている。

| 損害賠償における 損害額の推定 | 説明義務や断定的判断の提供禁止に違反すると，損害賠償責任を負い，その場合に後述の |

金融サービスの提供に関する法律の損害と因果関係に関する規定が準用（法第220条の3）される。

❻　金融サービスの提供に関する法律

　金融商品販売業者等の金融商品の販売等に際し顧客に対する説明責任や，説明をしなかったこと等により当該顧客に損害が生じた場合における損害賠償責任などを定めた「金融商品の販売等に関する法律」が2000年に定められた。その後数回改正され，2020年に，新しく金融サービス仲介業を創設し，法律の名称が「金融サービスの提供に関する法律」（金サ法）と変更された。

| 適用対象 | 規制対象商品は有価証券取引，デリバティブ取引，預金取引，保険取引などである（2条）。融資（借 |

金）や商品先物取引は規制の対象外となっている。2020年から暗号資産も加わった。

　規制対象となる販売等の主体は，業として金融商品の販売等を行う者（金融商品販売業者，以下「金販業者」という）で，金商法の規定の金商業の登録を受けているか否かは関係ない。

　販売の相手方は顧客であり，個人や消費者に限られない。ただし，特定顧客（金販業者，金商法規定の特定投資家）に対しては，金サ法の説明義務規定の適用が除外される（4条7項）。

| 重要な事項 | 重要な事項とは，①元本欠損が生ずるおそれがあるとき，その旨とその要因，取引のしくみ（契約の内容），②当初元本を上回る損失発生のおそれがあるとき，その旨とその要因，取引のしくみ（契約の内容），③権利行使期間の制限又は解約期間の制限である。そして，これらの説明は，金商法の適合性原則とほぼ同様の説明義務が課されている（4条2項）。

| 金融商品販売業者等の損害賠償責任 | 金販業者が顧客に重要事項を説明しなかったときは，損害賠償責任を負うものとされ（6条），元本欠損額をその損害額と推定する（7条）。

不法行為による損害賠償責任（民709条）を追及する場合，業者の説明義務の有無，損害の因果関係について顧客に立証責任がある。金サ法では，説明義務を法定し因果関係の立証責任が転換され，顧客の立証責任は軽減された。

| 断定的判断提供の禁止 | 金販業者等は，顧客に対し，当該金融商品の販売に係る事項について，不確実な事項について断定的判断を提供し，又は確実であると誤認させるおそれのあることを告げる行為を行ってはならない（5条）。

| 金融サービス仲介業の創設（登録制） | 情報通信技術の発展により，オンラインでの金融サービスの提供が可能になった。これまでは銀行代理業，金融商品仲介業，保険募集人など，業態ごとの縦割りだった既存の仲介業と異なり，金融サービス仲介業は，1つの登録で銀行・証券・保険などすべての分野のサービスを仲介可能とするなど，ワンストップ提供がしやすくなった。

| 利用者保護のための主な規制 | 様々なサービスを取り扱えるよう，金融サービス仲介業には，特定の金融機関への所属を求めない代わりに，取扱可能なサービスの制限（11条1〜5項）や利用者財産（サービス購入代金など）の受入禁止（27条），保証金の供託義

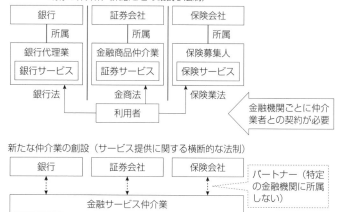

図表5-7　既存の仲介業と新たな仲介業の比較

既存の仲介業（業態ごとの縦割り法制）

新たな仲介業の創設（サービス提供に関する横断的な法制）

（出典）　金融庁「金融サービスの利用者の利便の向上及び保護を図るための金融商品
の販売等に関する法律等の一部を改正する法律案 説明資料」（2020年3月）
3，4頁の図を加工。

務（22条）により利用者保護を図っている。

　取扱い可能サービスには，普通預金，住宅ローン，国債，上場株
式，投資信託，傷害保険，旅行保険，ゴルフ保険などがある。

4　金融商品を保護する制度

　金融商品の種類に応じて保護する制度が作られている。

預金保護制度（ペイオフ）　　金融機関が預金保険料を預金保険機構
に支払い，万が一，金融機関が破綻し

た場合に，決済性預金（当座預金，利息の付かない普通預金）は全額保護され，それ以外は，一部を除いて元本1,000万円までは元利が保護され，1,000万円を超える部分は破綻金融機関の財産の状況に応じて支払われる。

分別管理　分別管理とは，証券会社が顧客から預かる資産（金銭や株式，債券などの有価証券）と，証券会社自身の財産とを厳格に分離し，管理することによって，顧客の資産を保全する制度である。

投資者保護基金　万が一，何らかの事情で証券会社が破綻し，分別管理の義務に違反したことによって，投資家の資産の返還が円滑に行われない場合であっても，日本投資者保護基金が，返還できない投資家の資産について，投資家1人当たり上限1,000万円まで補償を行う。第二種金融商品取引業に該当する取引，店頭デリバティブ取引や外国市場デリバティブ取引などは保護されない。

　日本投資者保護基金は金商法に基づき設立され，加入している証券会社の会費や負担金で運営されている。

預金者保護法　偽造・盗難カード等によるATMでの不正取引の被害は，金融機関が預金者に過失があったことを証明しない限り，金融機関が全額補償する。

　補償の対象は，金融機関の個人預金者で，偽造・盗難キャッシュカード又は通帳によるATMでの預貯金払戻や金銭借入である。ただし，預金者にカード等の管理上に過失がある場合には，補償額が減額されたり，補償が受けられなかったりする場合がある。

振り込め詐欺救済法　振り込め詐欺等の被害者のために，金融機関の犯罪利用口座に振り込まれ，口座に滞留する犯罪被害金の支払手続等を定めている。

支払額は，口座残高や被害者の数等に応じて変わる。ただし，犯罪利用口座の残高が1,000円未満の場合は，本法による支払手続の対象とはならない。

| 指定紛争解決機関（金 融 Ａ Ｄ Ｒ ） | 紛争解決手段として各業法で設置を義務付けている。 |

図表 5 - 8　金融 ADR 一覧

団体名	ADR の通称
（一社）生命保険協会	「生命保険相談所・裁定審査会」
（一社）全国銀行協会	「全国銀行協会相談室・あっせん委員会」
（一社）信託協会	「信託相談所・あっせん委員会」
（一社）日本損害保険協会	「そんぽ ADR センター」
（一社）保険オンブズマン	
（一社）日本少額短期保険協会	「少額短期ほけん相談室」
特定非営利活動法人証券・金融商品あっせん相談センター（FINMAC）	
日本貸金業協会	貸金業相談・紛争解決センター

5　詐欺的な投資取引への対応

金商法，商先法の大改正後も法律のすき間を狙った詐欺的な投資取引のトラブルが発生し，その都度法律を改正して対応している。

2011年の金商法改正で，無登録業者による未公開有価証券の売付けを，原則として無効とした（171条の2）。これにより未公開株のトラブルは減少した。

無許可・無登録業者が訪問販売や電話勧誘販売などで金融商品の販売などの取引を行った場合，特商法が適用されるケースがある。特定権利（株式，社債など）の販売，役務の提供に該当すれば特商法が適用され，契約書面が交付されていても記載内容に不備があれ

ば，不交付とみなされクーリング・オフができる可能性がある。2012年に消費者庁は，金商法・商先法の規制対象外である CO_2 排出権の店頭デリバティブ取引の訪問販売業者に対して，役務取引に該当するとして，行政処分（「特商法違反の訪問販売業者に対する業務停止命令（12か月）について」（消費者庁，平成24年6月19日））を行った。

6　今後の課題

　これまで消費者トラブルが発生する度に規制が強化されてきた。説明内容や方法について規制が強化される度に，消費者に交付される契約書面の量が増した。さらに金融機関は取引の都度，消費者が理解・納得して購入したという形式的な書面を残す対応をとってきた。

　一方消費者は，勧誘する金融機関担当者のセールストークを信用し，契約内容を十分に理解しないまま契約する傾向が改善されないため，損失が発生して初めて，当初の目的とは異なる投資性の強い金融商品を購入したことに気づくというトラブルが後を絶たない。

　こうした実態から脱却するためには，金融機関が顧客本位の業務運営を行い，消費者が真に理解，納得して契約できる制度・環境を，法律等で整備する必要がある。今後の法改正に期待したい。

第**6**章　電子商取引

1　電子商取引と消費者被害の現状

　日本では，「電子商取引」について法律上定義しているものはないため，ここでは，インターネットを介して契約や決済などの商行為を行うことを指す。

　電子商取引では，取引主体ごとに，事業者間取引（BtoB），消費者取引（BtoC），消費者間取引（CtoC）に分けられ，消費者取引に該当する場合，消費者契約法，特商法，電子契約法の適用対象となる。また，経済産業省の作成した「電子商取引及び情報財取引等に関する準則」も参照される。

　消費者取引の市場規模は年々拡大しており，経済産業省「令和3年度電子商取引に関する市場調査報告書」によれば，2021年には20兆6,950億円となり，特に，スマートフォン経由での取引額の増加が著しい。総務省「令和4年版情報通信白書」によると，2010年にスマートフォンの世帯保有率は9.7％であったが，2021年には88.6％へと急上昇しており，これまで主流であったパソコンを通じた電子商取引がスマートフォンに移行し，今後もスマートフォンの保有率は高まり，それとともに，取引額が拡大していくことが予想される。

　その一方で，電子商取引をめぐる消費者相談が増加している。消費者庁が毎年公表している「消費者白書」によれば，インターネット通販に関する消費生活相談は，ショッピングサイト等で商品を購

入する「商品」と，デジタルコンテンツ配信等の「サービス」に関する相談に分けられる。2018年までは，アダルト情報サイトや出会い系サイト等の「サービス」に関する架空請求のトラブルが増大していたが，その後，健康食品等の定期購入トラブルが増加し，2019年には，「商品」と「サービス」の相談割合が逆転し，「商品」に関する相談がインターネット通販全体の約3分の2を占めている。また，最近はSNSの広告を入口にした取引に関する相談が増加しており，2021年には約5万件に及んでいる。

年齢層別にみると，20代から60代までの各年代ではインターネット通販に関する相談は，全体の3割となっているが，10代では7割弱となっており，なかでも，オンラインゲームに関する相談が増加している。

以下では，インターネット通販での消費者トラブルの救済策について考えていく。

2　法　規　制

【Case 6-1】　Aはネット通販でボールペンを「1本」注文しようとしたところ，操作ミスで「11本」と入力していた。商品が届いて，入力ミスに気付いた場合，返品できないだろうか。

【Case 6-2】　Bはネット通販で購入しようとした商品が偽ブランド品に思えたので，販売業者に確認の連絡をしてから購入を決めようと考えた。しかし，表示されている電話番号が現在使われていない番号で確認のしようがない。どうすればよいか。

【Case 6-3】　Cは通販サイトで商品を購入し，代金を指定の口座に振り込んだものの，商品が届かない。相手とも連絡がとれず，どうすればよいか。

特定商取引法による 通信販売の規制 特商法では，消費者が郵便等の方法で申込みをする取引で，電話勧誘販売に該当しないものを「通信販売」と定義している（2条1項2号）。そして，第2章3節に14か条の規定を置いている（11条から15条の4）。従前，通信販売においては，消費者の意思形成に直接働きかけをするには技術的に不十分であったことから，広告表示義務（11条），誇大広告の禁止（12条）などの広告規制が中心となっていた。しかし，技術革新により，消費者に直接働きかける広告も生まれたことから，例えば，販売業者の誤認させる表示により申込みをした場合における意思表示の取消権が導入されるなど，通信販売でも徐々に民事ルールが整備されてきている（特商法のルールについては，第3章5を参照）。

電子契約法 パソコンやスマホなどでの入力・操作ミスについて，申込者の真意と異なる内容であることから錯誤となるが，消費者が入力・操作ミスに気づかなかった場合，民法では重過失があったと評価されることから，取消しが主張できない（民95条3項）。しかし，インターネット取引では，構造的に操作ミスによる錯誤が生じやすいことから，例外的に，消費者が申込みの意思表示を確認できるような措置を事業者が講じていない場合には，消費者による取消権の行使を認めると定めた（電子契約法3条）。【Case 6-1】の場合，事業者が入力画面の次に最終確認画面を表示して消費者が申込内容を確認できるようにしていなければ，返品が認められることになる。

取引DPF法 デジタルプラットフォーム（以下「DPF」という）とは，インターネットを通じて，利用者に提供される場のことをいう。DPFでは，利用者に様々なメリットを与える反面，悪質な事業者であっても売主として参入が容易であること

から，商品が届かないといったトラブルについても，売主の特定が困難となり，また，DPF は，売主の債務不履行を代わりに保証するものではないことから，対応が難しい場合が見られた。

そこで，2022年より，取引 DPF 法が施行されている。同法は，契約の申込みの場となるものを適用対象としており，主に，オンラインモールとオークションサイト（2条1項1号，2号）となる。

同法では，DPF の提供者に対して，提供する場における通信販売の適正化，紛争解決の促進に協力する努力義務を課している（3条）。また，DPF において，危険商品や著しい虚偽・誤認表示がある商品等が出品され，かつ，販売業者等が特定できずに当該表示の是正が期待できない場合など，DPF を利用する消費者の利益が害されるおそれがあると認められるときには，消費者庁から DPF に対して，商品等の販売停止等の必要な措置を要請することができる。なお，DPF の提供者がこの要請に応じたために，販売業者に損害が生じた場合には DPF の提供者は免責される（4条）。さらに，トラブルに対処するために，消費者は，DPF の提供者が保有する販売業者等の情報の開示を請求することができる（5条）。また，消費者から消費者庁長官に対する被害申出制度が創設された（10条）。

【Case 6-2】の場合，虚偽表示がある商品の出品者に対して連絡が取れないということから，取引 DPF 法に基づき，B は消費者庁に被害の申出を行い，それに基づき，消費者庁は，出品削除等をDPF の提供者に要請することになる。また，B は，DPF の提供者に対し，当該販売業者等の氏名・住所，連絡先などの情報を開示するよう請求することができる。

詐欺等による商品の未受領　オンラインショッピングやインターネットオークションは，匿名性が高く，インターネット上の情

報からだけでは情報の真偽を見抜くことが困難であるために，「お金を振り込んだのに品物が届かない」といった商品の未受領というトラブルにつながりやすい。また，近年は，フリマアプリでも同様のトラブルが生じているが，消費者間取引であることから，フリマアプリの運営業者からは，利用者同士での解決が求められることが多い。

電子商取引でも，商品等を提供する意思がないにもかかわらず，商品を発送するという行為は，詐欺罪を構成することになる（刑法246条）。そのため，【Case 6-3】のように銀行口座に振込みをした場合，銀行や警察などに相談し，振込先の金融機関に口座凍結を申し出ることで，振り込め詐欺救済法により，振り込んだ金銭の一部が戻ることがある。また，クレジットカード決済の場合，クレジットカード会社に相談することで，クレジットカード会社が売上を取り消し，買主は料金の支払いを拒絶することができる（これを「チャージバック」という）。

前払いのリスクを低減するためには，フリマアプリの運営業者が売主と買主の間に介入し，運営業者が買主からの代金をいったん預かり，買主が商品を確認してから売主が代金を支払うエスクロー決済が採用されているものを選択する方法もある。

なお，国際認証基準に基づいた第三者認証機関であるトレードセーフの提供するトラストマークを表示した通販サイトであるかを確認することで，トラブルを一定程度防ぐことにもつながりうる。

第7章　広告・表示の適正化

1　広告・表示規制の意義・役割・種類

　1950年頃から経済統制が撤廃され，事業者間での販売競争が激化した。当時，不当表示は独占禁止法の不公正な取引方法の一類型として位置づけられていたが，虚偽・誇大広告などの消費者問題に十分に対応できていないとして，消費者保護という観点からの取組みが求められた。そうして，1962年に不当景品類及び不当表示防止法（以下「景表法」という）が制定された。この不当表示規制の導入は，消費者保護のはじまりの1つといわれている。

　その後も急激な経済発展に伴い，販売業者には，単に表示が虚偽でないということだけでなく，商品内容の適切な表示が求められるようになった。そして，1990年代に入り，それまで問題の発生を未然に防ぐといった事前規制を中心としていた行政が，規制緩和による市場メカニズムの活用を重視して，ルール違反へは事後的に対処するという事後規制へと舵をきるようになった。これに伴い，消費者への適正な情報提供は一層重要なものとなり，適切な広告・表示規制は，国の責務として位置づけられた（消費者基本法15条）。

　広告・表示規制は，大きく，消費者の選択に必要な内容を義務づけるための表示と，消費者の選択を誤らせる虚偽表示の禁止の2つに分けることができる。前者に該当するものとして，JAS法，家庭用品品質表示法，食品表示法，健康増進法，住宅の品質確保の促進等に関する法律，米トレーサビリティ法などがあげられる。後者

に該当するものとして，景表法，不正競争防止法，食品衛生法，消費者契約法，特商法，割販法，旅行業法，宅建業法などがあげられる。

不当表示があった場合，行政規制や刑事規制で対応することが多い。例えば，食品偽装問題では，景表法に基づき行政処分が下されることや，不正競争防止法に基づき刑事罰が科されることがある。なかには，詐欺罪により立件された事例もある（ミートホープ事件：2007年）。ただし，これらの表示規制には民事効の定めがないことから，被害を受けた消費者が被害回復としてとりうる手段は，民法の詐欺（民96条）や，消費者契約法の不実告知（4条）に該当する場合に意思表示の取消しを主張することや，不法行為に基づく損害賠償（民709条）を主張することになる。

最近は，利用者のサイトの閲覧履歴等の情報をもとに，個人の関心を分析したうえで提供する行動ターゲティング広告など，広告の中には，明らかに消費者に対して勧誘として働きかけているものも登場するようになり，高度化・複雑化している広告への新たな対応が求められている。

2　景品表示法

「にせ牛缶事件」（1960年）が契機となって制定された景表法は，独占禁止法の「ぎまん的顧客誘引」を具体化したもので，制定当時は「公正競争の確保」を目的規定に掲げていたことから，競争政策的色彩を帯びていた。その後，消費者庁の設置に伴い，景表法は公正取引委員会から消費者庁に移管され，目的規定には「一般消費者による自主的かつ合理的な選択を阻害するおそれのある行為」の制限が掲げられ，消費者法としての性格を強めた。また，2023年に

は，消費者の利益の一層の保護を図ろうと法改正が行われた（同年5月17日公布，公布より1年6ヶ月以内を超えない範囲で施行）。

【Case 7-1】 痩せることに興味のあったＡは，ウェブサイト上で「このサプリを飲むだけで，1週間で2キロ痩せます！食事制限や運動の必要はありません。」と宣伝している健康サプリメントを見つけ，購入して飲み始めた。1ヶ月以上飲み続けているが，体重減少などの効果はみられなかった。

【Case 7-2】 ある衣料品について，「セール！今だけ通常価格より40％OFF」と表示していたのでつい買ってしまった。しかし，対象商品は，本件セール前に販売されたことがなかった。

【Case 7-3】 スーパーのちらしに「愛知県産 うなぎ蒲焼」等と記載していたが，対象商品を仕入れていなかった。

不当表示　景表法の対象となる表示について，顧客誘引のための手段として，事業者が自己の供給する商品・役務の内容や取引条件，その他これらの取引に関する事項について行う広告や表示としている（2条4項）。具体的には，容器包装，チラシ，パンフレット，ポスター，新聞広告，ウェブサイト，口頭での表示など広く列挙されており，事業者が顧客を誘引するために用いるあらゆる手段が含まれる。

景表法で禁止する不当表示は，①優良誤認表示（5条1号），②有利誤認表示（5条2号），③その他誤認されるおそれのある表示（5条3号）の3つに分類される。いずれも措置命令の対象となるが，5条3号に該当する不当表示については，課徴金や適格消費者団体による差止請求権の対象からは外れる。

① 優良誤認表示

商品・サービスの品質，規格，その他の内容について，実際のも

のや事実に相違して競争事業者のものより著しく優良であると示して，一般消費者を誤認させる表示のことをいう。【Case 7-1】のような場合，サプリメントについて，あたかも食事制限や運動をすることなく痩せられるかのように表示していることから，優良誤認表示の疑いがある。

優良誤認表示の疑いがある場合，消費者庁は，当該表示を行った事業者に対して，表示の裏付けとなる合理的な根拠を示す資料の提供を求めることができる（7条2項）。これを「不実証広告規制」と呼び，事業者から資料の提出がない場合や，資料が提出されたものの表示の裏付けとなる合理的根拠があるとは認められない場合には，当該表示は優良誤認表示とみなされ，行政処分を行うことができる。

なお，国民の健康志向が高まり，健康食品が広く普及するなかで，【Case 7-1】のような問題事例は増えている。そこで，消費者庁は「健康食品に関する景品表示法及び健康増進法上の留意事項について」（2022年12月5日改定版）を公表し，不当表示に対する基本的な考え方とともに過去に問題となった違反事例を示している。また，事業者の責任で科学的根拠を基に健康の維持や増進に役立つ機能を示した機能性表示食品については，「機能性表示食品に対する食品表示等関係法令に基づく事後的規制（事後チェック）の透明性の確保等に関する指針」（2020年3月24日公表）において，いかなる場合に景表法上の不当表示に該当するかが示されている。

② 有利誤認表示

商品・サービスの価格，その他の取引条件について，実際のものや事実に相違して競争事業者のものより著しく有利であると示して，一般消費者を誤認させる表示のことをいう。価格表示のうち，最も多用されているのが，「二重価格表示」と呼ばれる手法で，事

業者が自己の販売価格と当該価格よりも高い他の価格（自己の過去の販売価格や他社の販売価格など）を併記して表示する場合をいう。二重価格表示は一律に否定されるものではないが、適正な表示が行われていない場合には、有利誤認表示に該当することになる。【Case 7-2】のような場合、販売実績のない商品価格を比較対照価格としていたことから、有利誤認表示となるおそれがある。

③　その他誤認されるおそれのある表示

優良誤認表示や有利誤認表示だけでは、すべての不当表示をまかないきれないことから、両表示には該当しないものでも、内閣総理大臣が指定する不当表示がある。これを「指定告示」と呼ぶ。ある表示を指定しようとするとき、消費者庁は、公聴会を開き、関係事業者、一般の者から意見を求めるとともに、消費者委員会の意見を聴かなければならない（6条）。

現在、指定告示となっているのは、「無果汁の清涼飲料水等についての表示」「商品の原産国に関する不当な表示」「消費者信用の融資費用に関する不当な表示」「不動産のおとり広告に関する表示」「おとり広告に関する表示」「有料老人ホームに関する不当な表示」「ステルスマーケティング」（広告であるにもかかわらず、広告であることを隠す行為）である。【Case 7-3】は、実際には購入できない商品等で一般消費者を誘引していることから、おとり広告に該当する。

不当表示を規制する手段　①　消費者庁等の調査権限

景表法違反の疑いがある場合、消費者庁は、関連資料の収集、事業者への事情聴取などの調査を実施することができ（25条）、都道府県知事にも同様の権限が認められている（38条11項）。複数の都道府県にまたがる事例に対しては消費者庁が、当該都道府県内にとどまる事例に対しては都道府県知事が処理するものと想定されている。なお、公正取引委員会にも調査権限は

認められているが，7条2項の合理的根拠提出要求は認められていない（38条2項）。

　②　措置命令・罰則

　不当表示が認められた場合，消費者庁による措置命令が出される（7条1項）。これまでに，違反行為の差止め，再発防止措置，これらの公表などが行われている。事業者が措置命令に従わない場合，2年以下の懲役または300万円（法人には3億円）以下の罰金が科せられ，場合によっては，懲役と罰金が併科される（46条，49条）。

　事業者が意図せず不当表示を行った場合，自主的に，表示の改善や消費者への返金などに取り組むとした是正措置を計画・申請し，申請につき内閣総理大臣から認定を受けることで，措置命令や課徴金納付命令の適用を受けないことができる。これを「確約手続」という（26条から33条）。

　さらに，故意に優良誤認表示・有利誤認表示を行った事業者に対して，直罰規定（100万円以下の罰金）が新設された（48条）。

　③　課徴金納付命令

　優良誤認表示・有利誤認表示に該当する場合，消費者庁は，当該事業者に対して，対象商品・サービスの売上額の3％の課徴金を国庫に納付するよう命じることになる。措置命令と異なり，課徴金納付命令の決定につき消費者庁による裁量の余地はない。なお，当該事業者が不当表示に該当することを知らず，かつ，知らないことにつき相当の注意を怠っていないと認められるときや，課徴金額が150万円未満のときは，適用除外となる（8条1項）。

　違法行為への抑止力強化として，課徴金の計算の基礎となるべき事実を把握することができない期間における売上額の推定規定（8条4項）や，違反行為からさかのぼり，10年以内に課徴金納付命令を受けたことがある事業者に対して，1.5倍の加算規定（8条5項，

6項）が導入された。

　不当表示に該当することを自主的に消費者庁に報告した場合（9条）や，課徴金対象となる商品・サービスの取引をしたことが特定される消費者から申出があった場合に購入額に３％を乗じた額以上の金額を交付するなどの返金措置を行った場合（10条１項）には，返金相当額を課徴金から減額するなどの減免制度（11条２項）が設けられている。なお，返金措置として，消費者からの承諾があれば，電子マネーでの交付が許容される。

　④　差止命令

　適格消費者団体による差止請求権の対象は，優良誤認表示，有利誤認表示である（34条１項）。適格消費者団体は，一定の場合に事業者に対して，表示の裏付けとなる合理的な根拠を示す資料の開示を要請することができるが，要請への対応は努力義務となっている（35条）。

公正競争規約　公正競争規約とは，事業者や事業者団体が，消費者庁と公正取引委員会の認定を受けて，表示・景品類に関する事項について自主的に設定する業界のルールである（36条）。景表法では十分に対応できない場合があることから，業界の商品特性や取引の実態に即して，景表法に限定されず，他の法律に関連する事項も広く取り入れた形で規定されている。

　公正競争規約は業界による自主規制であることから，規約に違反する疑いのある表示に関する調査は，規約の実施機関である公正取引協議会が自主的に行う。そして，調査の結果，規約に違反していることが明らかになれば，各公正取引協議会が，警告等の措置をとることになる。

インターネット上の表示への対応　消費者庁は，インターネット上の広告表示に対する景表法の考え方をまとめた「インター

ネット消費者取引に係る広告表示に関する景品表示法上の問題点及び留意事項」（2022年6月29日改定版）を公表している。フリーミアム（基本的なサービスを無料で提供し，高度な，あるいは，追加的なサービスを有料で提供して収益を得るビジネスモデル），口コミサイト，フラッシュマーケティング（割引クーポン等を期間限定で販売する手法），アフィリエイト，ドロップシッピングを取り上げ，いかなる表示が不当表示に該当するかを示している。

　このなかでも，アフィリエイト広告について，近年市場規模が拡大しているが，それに伴い，不当表示の増加が懸念されている。

　アフィリエイトでは，商品等を供給する事業者（以下「広告主」という）から依頼を受けた者（以下「アフィリエイター」という）が，ブログなどでバナー広告を貼り付け，その広告経由で商品が売れたときに報酬が支払われる仕組みをとる。そのため，商品等の提供を行う事業者とは異なる者が広告を行うことから，アフィリエイターが不実表示を行った場合にも景表法の適用を受けない。もっとも，広告主がアフィリエイターの表示内容に関与している場合には，広告主は景表法の適用を受けることになる。

　また，内閣総理大臣が定める表示の管理上の措置として，広告主がアフィリエイト広告を利用する場合には，サイトの表示内容について，その表示の根拠を確認することが求められる（22条）。これにより，消費者庁は，同措置に関して必要があると認めるときは，広告主に対して，必要な指導及び助言をすることができる（23条）。また，広告主が正当な理由がなく同措置を講じていない場合，消費者庁は勧告をすることができ，当該広告主が勧告に従わない場合には，その旨を公表することができる（24条）。

第8章　安全性の確保・安全規制

1　はじめに

概　説　消費者が安全に消費生活を送ることは，消費者にとって当然かつ重要な利益であり，消費者基本法も「消費者の安全が確保され」ることは消費者の権利と定めている（2条1項）。

「消費者の安全」は，広義・狭義に用いられるが，その侵害される客体に注目すると「財産の安全」と「生命身体の安全」に分類することができる。前章までは，主に財産の安全，すなわち財産被害の予防や救済についての法制度をみてきた。しかし，生命身体の安全を確保することも消費者法の重要な役割である。

生命身体の安全　消費者が購入した商品やサービスにより，その生命身体の安全が脅かされる事案は，これまで繰り返し発生してきた。

1955年の森永ヒ素ミルク中毒事件は，乳児用のドライミルクの製造中にヒ素が混入したもので，全国で約1万2,000人がヒ素中毒を発症し，うち約130人が死亡した。サリドマイド事件では，1960年頃，サリドマイドを含有する睡眠剤を妊娠初期に服用した母親から先天性異常を生じた子どもが生まれたため，海外では危険情報が発せられていた。しかし日本では回収が遅れ，約1300人に被害が生じた。1968年のカネミ油症事件は，ライスオイル（米ぬか油）の製造過程で使用された脱臭装置からPCB（ポリ塩化ビフェニール）が製品

に混入し，発疹などが生じる油症の患者が2,367人認定され（2022年末時点），うち120人余が死亡した。2005年のガス湯沸器事故は，パロマ工業製の半密閉式ガス瞬間湯沸器で排気ファンの動作不良を原因とする一酸化炭素中毒事故が発生し，1名が死亡，1名が重傷となった。安全装置の不正改造により安全装置が働かなかったことが原因だが，それまでに同様の事故が28件，死亡者21人・重軽症者19人が発生していたことが判明し，事故防止のための対応の遅れが指摘された。

こうした生命身体の被害を防止するため，各分野において法規制（安全基準や規格による品質規制，製造・販売の事前許可制，表示や広告の規制，リコール制度など）がなされてきた。例えば，消費生活用製品安全法，電気用品安全法，食品安全基本法，食品衛生法，家庭用品規制法，薬事法などである。

生命身体被害を伴う事故を防止するためには，事故の情報を一元的に集約し，分析や原因究明を行った上で，情報の公表や消費者被害の発生または拡大を防止するための各種措置に繋げる仕組みも必要である。そこで，2009年，消費者庁の設置と同時に消費者安全法が制定され，消費者庁が司令塔機能を発揮しつつ行政全体がすき間のない対応をとるための制度整備が行われた。なお，この仕組みは，生命身体の安全のみならず，財産の安全確保にも寄与する制度である。

以下，消費者安全法を「消安法」，消費生活用製品安全法を「消製安法」という。

2　事故情報の一元的集約

消費者安全法
消安法が対象とするのは，生命身体分野および財産分野において，消費者に被害を生じさせ，または生じさせるおそれがある「消費者事故等」（2条5項）である。生命身体被害が実際に生じた事故（同項1号）だけでなく，生命身体被害を発生させるおそれのある事態（同項2号）をも対象とする。この消費者事故等のうち，生命身体に関するものを「生命身体事故等」といい（2条6項），そのなかでも被害が重大な事故および事態を「重大事故等」（同条7項）という。また，財産被害のうち多数の消費者の財産に被害を生じ，または生じさせるおそれのあるものを「多数消費者財産被害事態」という（同条8項）（**図表8-1**）。

消費者事故等の発生に関する情報を消費者庁に一元的に集約するため，行政機関の長，都道府県の知事，市町村長および国民生活センターの長は，①重大事故等が発生した旨の情報を得たときは直ちに，②重大事故等以外の消費者事故等が発生した旨の情報を得た場合であって，消費者被害の発生・拡大のおそれがあると認めるときは，消費者庁に重大事故等または消費者事故等が発生した旨などを通知しなければならない（12条1項，2項）。

消費者庁は，後述の消製安法に基づく報告による情報，国民生活センターと消費生活センター等の相談情報が入力される全国消費生活情報ネットワークシステム（PIO-NET）の危害・危険に関する情報などと合わせ，通知された情報を事故情報データバンクに一元的に集約する（**図表8-2**）。

令和5年版消費者白書によると，消安法に基づき2022年度に通知された消費者事故等は1万5308件で，財産事案が1万394件，生命

図表 8-1 「消費者事故等」と「重大事故等」・「多数消費者財産被害事態」の関係

消費者事故等

生命身体事故等（法第2条第6項）

（法第2条第5項第1号）〈被害が発生した事故〉	（法第2条第5項第2号）〈事故発生のおそれのある事態〉
・商品等・役務の消費者による使用等に伴い生じた事故・死亡、負傷又は疾病（1日以上の治療期間）、一酸化炭素中毒等	消費安全性を欠く商品等・役務の消費者による使用等が行われた事態のうち、左の事故が発生するおそれがあるものとして政令で定める要件に該当するもの

財産に関する事態（法第2条第5項第3号）

（法第2条第5項第3号）
消費者の利益を不当に害し、又は消費者の自主的かつ合理的な選択を阻害するおそれがある行為であって政令で定めるものが事業者により行われた事態

多数消費者財産被害事態

上の事態のうち、同号に定める行為に係る取引であって次のいずれかに該当するものが事業者により行われることにより、多数の消費者の財産に被害を生じ、又は生じさせるおそれのあるもの

重大事故等

（法第2条第7項第1号）	（法第2条第7項第2号）	（法第2条第8項第1号）	（法第2条第8項第2号）
上の事故のうち被害が重大なもの（死亡、負傷又は疾病（30日以上の治療期間）、一酸化炭素中毒等）	上の事態のうち左の事故を発生させるおそれがあるものとして政令で定める要件に該当するもの（火災等）	消費者の財産上の利益を侵害することとなる不当な取引であって、事業者が消費者に対して示す取引の対象となるものの内容又は取引条件が実際のものと著しく異なるもの	左に掲げるもののほか、消費者の財産上の利益を侵害することとなる不当な取引であって、政令で定めるもの

（出典）「令和5年版消費者白書」図表 I-1-1-1。

身体事故等が4,914件（うち重大事故等は1,351件）であった。重大事故等の内容として最も多いのが「火災」で、主に自動車、生活家電、住宅用蓄電池や給湯ボイラー等の住宅設備からの出火によるものが占めている。

　また、事故情報データバンクについては、2023年3月31日時点で登録されている件数は累計で34万6,981件、2022年度の登録件数は3万609件であった（「令和5年版消費者白書」）。

図表 8-2　生命・身体に関する事故情報の集約

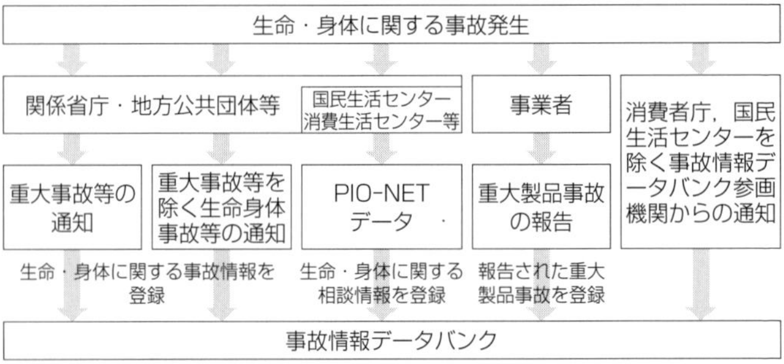

（出典）「令和 5 年版消費者白書」図表 I-1-2-1 をもとに作成。

消費生活用製品安全法　消安法は国や地方公共団体等に通知義務を課すが，生命身体分野の事故情報を集約するため，事業者の報告義務を定めている法律の 1 つが消製安法である。事業者による安全な製品の製造・輸入・販売や消費者への情報提供などのため，製品事故の情報を社会全体で共有し，その再発を防止することが必要であるとの考えに基づき，2006年の改正により製品事故に関する事故情報の報告・公表制度が設けられた。

　消製安法は，主として一般消費者の生活の用に供される製品である消費生活用製品（2 条 1 項）の使用に伴い，一般消費者の生命身体に対する危害が発生した事故（2 条 5 項 1 号）または危害が発生するおそれがあるもの（同項 2 号）のうち，消費生活用製品の欠陥によって生じたものでないことが明らかな事故以外のものを「製品事故」と定義する（2 条 5 項）。

　そして，この製品事故のうち，発生した危害または発生するおそれがある危害が重大な「重大製品事故」（2 条 6 項）について，製造業者および輸入業者は，消費者庁に当該消費生活用製品の情報や事故の内容などを報告しなければならない（35条 1 項）。なお，重大製

品事故に至らない程度の製品事故については，法令上の報告義務はないが，通達によって独立行政法人製品評価技術基盤機構（NITE）に対する報告が求められている。

令和5年版消費者白書によると，2022年度に報告された重大製品事故は1,108件であった。製品別では，電池（バッテリー）や照明器具等の「電気製品」，石油ストーブやガストーチ等の「ガス機器・石油機器」，その他自転車や脚立・踏み台・はしご等の事故が多い。

医療機関ネットワーク　生命身体の安全を確保する上で重要な事故情報をより多く収集するため，事故情報データバンク参画機関以外からも事故情報を得るための工夫が「医療機関ネットワーク」事業である。消費生活上の事故で受傷した患者の事故情報を医療機関から収集するもので，2010年12月から消費者庁と国民生活センターの共同事業として実施され，2022年度末時点で30の医療機関が参画している（「令和5年版消費者白書」）。

2022年度の医療機関ネットワークに収集された生命身体に関する事故情報は4,488件であり，事故の内容は「転倒」「転落」「ぶつかる・当たる」「誤飲・誤嚥」の順になっている（同上）。

3　事故情報の公表

同種の生命身体事故等の発生または生命身体事故等による被害の拡大を防止して生命身体の安全を確保するためには，集約された事故情報を積極的に公表し，消費者への注意喚起を行う必要がある。

定期公表　集約された情報を，いわば速報的に開示するため，消費者庁は消費者事故等および重大製品事故の情報を毎週定期的に公表する（消安法4条3項，消製安法36条1項）。

消安法の重大事故等の情報は毎週木曜日に，消製安法の重大製品

事故の情報は毎週火曜日と木曜日に公表される。公表される内容は，事故の内容等によって異なるが，基本的には事故発生日，通知受理日，製品等の種類，被害状況，事故内容，事故発生都道府県など概要にとどまる。

なお，消安法の重大事故等以外の消費者事故等についても，毎週木曜日に事故情報データバンクに登録した旨が公表されている。そして，事故情報データバンク自体もウェブサイトで公開されており，検索・閲覧が可能である（https://www.jikojoho.caa.go.jp/ai-national/）。

消安法に基づく 分析・公表 消費者庁は，消費者安全の確保を図るために，消費者事故等に関する情報を迅速かつ的確に集約，分析し，その結果を取りまとめ（13条1項），取りまとめた結果を関係行政機関や関係地方公共団体等に提供し，消費者委員会および国会に報告するとともに公表する（同条2～4項）。

本条項が定める公表は，個別事案に関する注意喚起情報ではなく（後述38条参照），消費者事故等の発生状況に関する傾向など，いわゆる年報・月報的な情報が想定されている。消費者庁は，消費者白書に「消費者事故等に関する情報の集約及び分析の取りまとめ結果の報告」として上記の内容を組み込み，公表している。

消製安法に基づく 分析・公表 重大製品事故については，経済産業大臣がNITEに対し，消費生活用製品の安全性に関する技術上の調査を指示する（消製安法36条4項）。

NITEによる調査・分析の結果，重大製品事故が製品に起因して生じたものであることが疑われる場合には，経済産業省が公表するとともに，ガス機器・石油機器以外の製品については消費者庁も再度公表を行う。

4　事故等の原因究明

消費者安全調査委員会　消費者庁に一元的に集約される消費者事故等の情報を有効に活用して各種措置につなげるためには，事故の原因を究明して消費者事故等の発生・拡大を防止するための知見を得ることが不可欠である。そこで，2012年に消安法が改正され，同年10月，消費者安全調査委員会が設置された。

　同委員会は，消費者庁に設置され（15条），内閣府設置法第54条に基づく合議制の機関（審議会等）である。

事故原因の調査　消費者安全調査委員会の調査対象は，運輸安全委員会の調査対象とされている航空事故等，鉄道事故等，船舶事故等（運輸安全委員会設置法2条）を除く，あらゆる生命身体事故等である（16条1項参照）。運輸安全委員会の調査対象を除外するのは，事故等の原因究明を所掌事務として明示しているからである。

　このように同委員会の調査対象は広範囲に及ぶため，同委員会は原因究明を行う必要がある事故等を選定し，事故調査を実施する。この調査対象の選定については，「事故等原因調査等の対象の選定指針」（平成24年10月3日消費者安全調査委員会決定）により，公共性，被害の程度，単一事故の規模，多発性，消費者による回避可能性，要配慮者への集中という要素を総合的に勘案して判断するものとされている。

　同委員会による事故調査の手法には，調査委員会が「自ら調査」を行う事故等原因調査（23条1項）と，他の行政機関等による調査結果を活用して原因究明を行う「評価」（24条1項）がある。この

「評価」は，他の行政機関等による調査結果により，消費者安全を確保するための原因究明として十分な結果が得られるか否かを検証することであり，十分な結果が得られたと認められる場合にはその結果を活用して提言に繋げ，不足部分があると認められる場合には自ら調査を実施する（24条3項）。自ら調査においては，同委員会に報告徴収，立入調査，質問，物件提出・留置などの調査権限が付与されている（23条2項）。

なお，同委員会の行う事故原因の究明は，「何が悪かったのか」を科学的に調査して，同様の事故を繰り返さないための知見を得るためのものであり，「誰が悪かったのか」と個人の責任を追及する手続等とは本質的に異なるものである。

事故等の発生・拡大防止のための提言　同委員会は，調査の結果を報告書として公表する（自ら調査について，31条）ほか，被害の発生・拡大防止のため講ずべき施策・措置について，消費者庁に対する勧告や意見具申，関係行政機関に対する意見具申を行うことができる（32・33条）。

同委員会は，2023年3月末時点で，22件の事故等原因調査等に関する報告書・評価書を公表している（**図表8-3**）。

5　消費者被害の発生または拡大の防止のための措置

集約された情報等に基づき，消費者庁は，消費者被害の発生または拡大の防止のために，消費者に対する注意喚起（消安法38条1項），関係行政機関の長等に対する情報提供（同条2項），他の法律の規定に基づく措置がある場合の当該法律所管大臣への措置要求（39条）を行う。さらに，重大事故等が発生した場合で，他の法律の規定に基づく措置がない場合（いわゆる「すきま事案」）には，消

図表 8-3　消費者安全調査委員会の公表した報告書・評価書

事件名	公表日	形式	提言
ガス湯沸器事故	2014年1月24日	評価書	意見（経済産業省）
幼稚園で発生したプール事故	2014年6月20日	報告書	意見（内閣府，文部科学省，厚生労働省）
機械式立体駐車場の事故	2014年7月18日	報告書	意見（国土交通省）
家庭用ヒートポンプ給湯機の振動による事案	2014年12月19日	報告書	意見（消費者庁，公害等調整委員会，経済産業省，環境省）
エスカレーターからの転落事故	2015年6月26日	報告書	意見（消費者庁，国土交通省）
毛染めによる皮膚障害	2015年10月23日	報告書	意見（消費者庁，厚生労働省）
子どもによる医薬品誤飲事故	2015年12月18日	報告書	意見（消費者庁，厚生労働省）
ハンドル型電動車椅子を使用中の事故	2016年7月22日	報告書	意見（消費者庁，厚生労働省，経済産業省，国土交通省）
エレベーター事故	2016年8月30日	報告書	意見（国土交通省）
体育館の床板の剥離による負傷事故	2017年5月29日	報告書	意見（文部科学省）
玩具による乳幼児の気道閉塞事故	2017年11月20日	報告書	意見（消費者庁，経済産業省）
家庭用コージェネレーションシステムの運転音による事案	2017年12月21日	報告書	意見（消費者庁，公害等調整委員会，経済産業省，環境省）
電動シャッター動作時の事故	2018年9月28日	報告書	意見（消費者庁，経済産業省）
住宅用太陽光発電システムから発生した火災事故等	2019年1月28日	報告書	意見（消費者庁，経済産業省）
歩行型ロータリ除雪機による事故	2019年5月31日	報告書	意見（消費者庁，経済産業省）
水上設置遊具による溺水事故	2020年6月19日	報告書	意見（文部科学省，経済産業省）
幼児同乗中の電動アシスト自転車の事故	2020年12月15日	報告書	意見（経済産業省，国家公安委員会，警察庁，消費者庁，内閣府，文部科学省，厚生労働省）
自動ドアによる事故	2021年6月25日	報告書	意見（経済産業省，国土交通省）
ネオジム磁石製のマグネットセットによる子どもの誤飲事故	2022年3月24日	報告書	意見（経済産業省，消費者庁）
学校の施設又は設備による事故等	2023年3月3日	報告書	意見（文部科学省）
エステサロン等でのHIFU（ハイフ）による事故	2023年3月29日	報告書	意見（厚生労働省，経済産業省，消費者庁）
トランポリンパーク等での事故	2023年4月20日	報告書	意見（経済産業省，文部科学省，消費者庁）

費者庁は事業者に対し，勧告・命令等の措置を講じることができる（40〜42条）。

消費者に対する注意喚起　ある消費者事故等による被害が拡大したり，同種・類似の消費者事故等が発生するおそれがあるようなときは，その防止のため，消費者庁は消費者に対して具体的な注意喚起情報を発信する（38条1項）。この注意喚起は，事業者や製品等をある程度特定するなど，個別具体的な事故等の内容を公表することを前提としている。また，消費者庁では，この消安法38条1項に基づく注意喚起とは別に，一般的な注意喚起も行っている。一般的な注意喚起においては，個々の消費者事故等ではなく，被害が増えている商品やサービスの種類などに着目して，消費者に注意すべき点などを伝えている。

　生命身体事故等については，毎年十数件の一般的な注意喚起が行われている。例えば，季節的なものとして，除雪機による事故や高齢者の餅による窒息事故，浴室や海・川・プール等での水の事故などが公表されているほか，子どもの事故に関するものも多く，遊具・家具・窓やベランダ等からの転落事故，玩具等の誤飲事故，歯磨き中の喉突き事故などがある。しかし，生命身体事故等に関して消安法38条1項に基づく注意喚起が行われたのは，これまで6件のみである（**図表8-4**）。

　消安法38条1項に基づく注意喚起を行うか，一般的な注意喚起を行うかの判断は，消安法の要件を満たすか否かによる。しかし，生命身体事故等の発生・拡大を防止するためには迅速な対応が必要となることから，消安法の要件充足性の検討に時間を費やすより，機動的に実施できる一般的な注意喚起が選択されるという側面もあろう。また，ある特定の事業者の商品やサービスにのみ生じる事故等というより，同種の商品やサービスにも生じうるケースが多いた

図表 8 - 4　生命身体事故等に関する消費者安全法38条 1 項に基づく注意喚起

実施時期	件　名	内　容
2013年2月22日	次亜塩素酸ナトリウムを含むとの表示がある「ウイルスプロテクター」について（使用中止及び自主回収のお知らせ）	首からぶら下げるタイプの携帯型空間除菌剤「ウイルスプロテクター」について，化学熱傷を起こすおそれがあるため使用中止を呼び掛けた。事業者が消費者庁と厚生労働省の要請に応じ自主回収を行うことを決定したため，その後の最新の事故の発生状況等を併せて公表し，消費者に注意喚起を行った。
2014年12月10日	健康被害発生後も継続利用を勧められる美容・健康商品等〜「好転反応」等といわれても，健康被害が出たら利用を一旦中止しましょう！〜	健康食品，化粧品，健康器具，美容エステ等の美容・健康等に関する機能性をうたった商品・サービス等を利用し，様々な健康被害が発生した際に，販売・役務提供を行う事業者が「症状が発生するのは好転反応」「今は毒素が抜けているところ」等と説明し，症状発生後も継続利用を勧めているケースがあり，実際消費者が利用を継続することによって症状が持続・悪化したという消費者事故等の情報が多数寄せられている。 消費者に，健康被害が発生した際には，商品・サービス等の利用を一旦中止し，医師に相談することを注意喚起するとともに，各都道府県知事宛に情報提供を行い，関係団体宛に要請文を送付した。
2019年2月15日	カプセル入りスポンジ玩具が幼児の体内に入る事故が発生！—原因不明の不調が約 4 か月続き，その後，全身麻酔で摘出—	入浴中，保護者の知らない間にカプセル入りスポンジ玩具（以下「当該玩具」という。）が 4 歳女児の腟に入り，不調が続いたため，医療機関で原因の特定に約 4 か月，当該玩具の摘出までにさらに約 1 か月と時間を要した事例が発生。今回の事故のように腟からの体内への侵入以外にも，飲み込んだ場合には誤嚥や窒息のおそれもある。
2019年6月24日	ハンドルロック「一発二錠」のケースが破損していたらすぐに自転車の使用を中止してください！	ハンドルロック「一発二錠」を搭載した自転車・電動アシスト自転車において，ハンドルロックケースの破損などが原因で誤作動し，ハンドル操作ができなくなり転倒する事故が発生。該当製品のハンドルロックのケースが破損している場合は，すぐに自転車の使用を中止するよう呼び掛けた。
2019年9月6日	「ケトジェンヌ」と称する健康食品を使用した消費者に身体被害が生じていることについて	当該健康食品を使用したところ，下痢等の体調不良が生じたという事故情報が短期間に急増している等，今後の消費者被害の発生又は拡大の防止を図るため，当該商品は，身体被害が生じ得ることに留意するとともに，当該商品の使用後に下痢等の体調不良が生じた場合は，速やかに使用を控えた上で，最寄りの医療機関や保健所に相談するよう呼び掛けた。
2022年9月20日	特定のトランポリンパークを中心に事故が続いています！—施設から注意をされなくても，宙返り等の危険な行為は止めましょう—	消費者庁では，2020年12月以降，トランポリンパークでの事故について注意喚起を行ってきたが，その後も2022年 8 月31日までの間に特定のトランポリンパークでの事故が14件（トランポリンパークでの事故22件中）発生した。事故の内容は，前方宙返りをしてトナリのトランポリンに落下して脳震とうを起こした，後方宙返りをして腟から落下し腰椎を圧迫骨折したなど。同施設における禁止事項についての説明や利用状況の監視等の事故防止の取り組みが十分なものとはいえなかったため，事故防止のためトランポリンパークを利用する際の注意点等を取りまとめ，注意を呼びかけた。

め，一般的な注意喚起の方が消費者への情報提供の仕方としても適している場合が多いとも考えられる。

　財産分野においては，消安法38条1項に基づく注意喚起は，毎年10〜20件程度単独で実施されているほか，特商法に基づく行政処分と併せて実施されることもある。2022年度は，消安法38条1項に基づく注意喚起を単独で実施した事案が22件，特商法の行政処分と併せて注意喚起を実施した事案が4件で，前者のうち情報商材販売業者に関するものが10件，浄水カートリッジの模倣品に関するものが7件，公式通信販売サイトを装った偽サイトに関するものが2件などとなっている（消費者庁「令和4年度における消費者安全法（財産分野）の運用状況について」）。

　財産分野においても一般的な注意喚起は活用されており，高齢者に多いトラブル，若者に多いトラブル，金融関連のトラブル，インターネット・通信関連のトラブルなどの情報を発信している。

措置要求，勧告・命令　消費者庁には，一元的に集約される消費者事故等の情報や分析結果，消費者安全調査委員会の事故調査から得られた知見を，消費者の安全確保のための対応に繋げることが期待される。しかし，事業者に対する直接の措置権限は，個別法を所管する関係行政機関にある。そこで，消費者庁は，こうした個別法を所管する行政機関に対して，当該措置を講ずるよう求めることができる（39条1項）。また，消費者庁は，かかる要求に基づいて講じた措置の実施状況について，当該行政機関に報告を求めることができる（同条2項）。

　これまで，消費者庁がこの措置要求を行った例はないが，消費者庁は関係行政機関と連携して注意喚起を行ったり，事実上措置の要請を行うなどしている。

生命身体に関する重大事故等もしくは財産に関する多数消費者財産被害事態が発生し，これに対応する個別法による措置がない，いわゆる「すき間事案」の場合には，消費者庁は，事業者に対して勧告・命令を発することができる（40条）。

　消費者庁は，多数消費者財産被害事態に関し，これまでに2度勧告を行っている。2013年12月17日には，有料老人ホームの運営を装って「新株引受権付社債」を募集した件について，同年12月26日には，インターネットを用いたオンラインゲーム事業の紹介者を募集した件について，それぞれ勧告を行っている。

6　食品の安全

　食品は，人が栄養を補給し，健康や生命を維持増進するために必要不可欠なものである。このため，消費者に提供される商品・サービスのなかでも，特に食品の安全性を確保することは重要といえる。しかし，実際には，食中毒事件や毒物混入事件，BSE（牛海綿状脳症）問題など食の安全が脅かされる事件が発生し，その度ごとの改善が図られてきた。また，食品の安全性を確保するとともに，消費者の選択の自由を確保するための食品表示についても，食品偽装や誇大表示の問題が生じている。

食品安全の確保　　食品安全を確保する行政の仕組みとしては，食品中に含まれるハザード（危害要因）を摂取することによってヒトの健康に悪影響を及ぼす可能性がある場合に，その発生を防止し，又はそのリスクを低減するという「リスクアナリシス（リスク分析）」の考え方が，国際的に進められている。このリスク分析は，「リスク評価」「リスク管理」「リスクコミュニケーション」の3要素で構成される。リスク評価とは，食品を食べるこ

図表 8-5　食品の安全を守る仕組み（リスク分析）

リスクコミュニケーション

リスク評価やリスク管理の全過程において，リスク評価者，リスク管理者，消費者，事業者，研究者，その他関係者の間で，相互に情報の共有や意見の交換を行うこと。

食品安全委員会

リスク評価

どのくらいなら
食べても安全か評価

・機能的に分担
・相互に情報交換

厚生労働省，農林
水産省，環境省等

リスク管理

食べても安全なように
ルールを決めて，監視

消費者庁

関係府省庁及び地方公共団体等との
連絡調整，企画・運営等

リスクアナリシス
　問題発生を未然に防止したり，悪影響の起きる可能性（リスク）を低減する
　ための枠組み

（出典）　消費者庁ウェブサイト。

とによって有害な要因が健康に悪影響を及ぼすリスクを科学的に評価することをいう。リスク管理は，リスクを低減するために適切な政策・措置（規格や基準の設定，低減対策の策定・普及啓発等）を，科学的な妥当性をもって検討・実施することをいう。リスクコミュニケーションは，リスク分析の全過程において，リスクやリスクに関連する要因などについて，一般市民（消費者，消費者団体），行政（リスク管理機関，リスク評価機関），メディア，事業者，専門家などがそれぞれの立場から情報の共有や意見交換をすることである。

　わが国では，従来，厚生労働省と農林水産省が食の安全に関する施策を所管していたが，2001年のBSE国内発生等により，食品安全行政の仕組みが見直されることとなった。2003年，食品安全基本法が制定され，上記リスク分析の手法が導入され，厚生労働省・農

林水産省・環境省がリスク管理を行い，これらから独立した機関である食品安全委員会が内閣府に設置され，リスク評価を担うことになった。

食品安全委員会 食品安全委員会は，内閣府の八条委員会として設置され（食品安全基本法22条），その下に16の専門調査会が設置されている。

食品安全委員会のリスク評価（23条1項2号）は，化学物質や微生物等の要因毎に行われる。リスク評価は，厚生労働省の食品添加物指定，農林水産省の農薬指定，消費者庁の特定保健用食品の許可などの際に事前に行うことが義務づけられているため（24条1項），こうしたリスク管理機関からの要請を受けて行うが，食品安全委員会が必要と判断した場合にも行うことができる（自ら評価）。食品安全委員会は，2023年4月1日までに，食品添加物302件，農薬1,220件，汚染物質等70件，微生物・ウイルス23件，遺伝子組換え食品等359件などのリスク評価を行っている（食品安全委員会「令和4年度食品安全委員会運営状況報告書」）。

食品安全委員会は，リスク評価の結果に基づき，食品の安全性の確保のため講ずべき施策について，内閣総理大臣を通じて関係各大臣に勧告を行うことができる（23条1項4号）。

さらに，食品安全委員会は，リスクコミュニケーション（23条1項7号）として，食品安全に関する情報交換，リスク管理機関と連携した意見交換会，消費者からの食品安全に関する質問を受ける食の安全ダイヤルなどを行っている。

食品安全規制 食中毒や毒物混入を防止し，国民の健康に影響があると考えられる食品，物質（添加物，残留農薬，放射性物質等）の摂取を可能な限り低減させることで食品の安全を確保するため，食品衛生法等が各種規制を設けている。

例えば，公衆衛生に与える影響が著しい営業（飲食店，喫茶店，乳処理業，食肉処理業等）の営業許可制（食品衛生法52条），食品等輸入の届出制（27条），腐敗・変敗した食品や有毒・有害な物質等が含まれた食品等の販売等禁止（6条），食品等の規格基準規制（11条1項・2項），残留農薬規制（11条3項），指定を受けない食品添加物等の販売禁止（10条），安全性が審査されたもののみ輸入・流通が認められる遺伝子組換え食品規制などがある。

| **食品表示法** | 食品表示に関する一般的なルールは，食品衛生法，JAS法および健康増進法の3法に定められており， |

事業者にも消費者にも分かりにくい複雑な体系となっていた。そこで，これらの食品表示に関する規定を一元化した食品表示法が2015年4月に施行された。

　食品表示法の目的は，食品を摂取する際の安全性の確保および一般消費者の自主的かつ合理的な食品選択の機会の確保にあるとされる（1条）。そして，同法4条1項に基づき，食品表示基準が策定され，新しい食品表示のルールとなった。食品表示基準は，従前の3法に基づく58本の表示基準を統合したものであるが，アレルギー表示など現状を踏まえたルール改善もなされている。具体的には，食品を生鮮食品，加工食品，添加物の区分，また一般食品と業務用食品の区分に分けて，義務表示事項，任意表示事項，表示の方式，禁止事項などを定めている。

7　製造物責任法

【Case 8-1】　テレビCMや新聞広告などで，A社は美肌効果があるという石けんを大々的に売り出していた。この石けんは相当数の売り上げ

を出したが，ユーザーの多くから目のかゆみ，くしゃみ，全身のじんま疹，腹痛，下痢などの症状のクレームが寄せられた。この人々の多くは，A社の石けんを使うことによって目，鼻，口などから小麦アレルギーを引き起こす物質を吸収したために小麦アレルギーを発症しており，元々小麦アレルギーのない人にも症状が起きていたのだった。A社から損害賠償を得るには，どのような法律によるのだろうか。

立法の背景 製造物責任法（PL法）が施行されたのは1995年である。それ以前の欠陥製品による被害からの救済は，民法の不法行為（民709条）によるしか方法がなかった。民法により救済を求めるには，加害者である製造業者の故意・過失だけでなく，損害の発生，過失と損害との間の因果関係など，被害者があらゆる立証責任を負う。そのためこれらのすべてを被害者が証明し，損害賠償を勝ち取ることには多大な困難が伴い，消費者被害からの救済には限界があった。

生命・健康被害に関する事件は1960年代から多発したが，消費者は危険にさらされているだけでなく，健康被害と立証負担という二重の負担を強いられていたのだった。

日常生活において，消費者は製品の安全性を問題とすることもなく，製造業者に対して無防備に信頼を寄せて商品を購入しているものである。他方，当該製品について，製造業者は消費者に比してはるかに豊富な知識を蓄積している。製造業者はこのように一方的に優位な立場にあるのだから，責任を負うことも当然であると指摘されるようになり，高度の注意義務に基づく厳格責任を負うべきだとの見解が示されるようになった。

諸外国をみると，アメリカでは1960年代から厳格責任が認められている。ヨーロッパでは1980年代にはEC指令が採択され，ヨー

ロッパ諸国で製造物責任法が立法化された。このような諸外国による影響で，わが国においても立法化への要請は高まっていた。市場では規制緩和により，消費者だけでなく製造業者に対しても自立への要請が高まり，製品の安全性の確保には，製造業者に自主的対応が求められるようになった。

このような背景の下，1994年に PL 法が成立した。従来の民法上の不法行為責任では製造業者に「過失」があったことを，消費者が立証しなければならなかったのに対し，PL 法では製造物に「欠陥」があれば製造業者（当該製造物を業として製造，加工または輸入した者）等は損害賠償責任を負わなければならないこととなったのである（3条）。

目的，範囲，適用対象　(1)　目的（1条）　　本法は，「製造物の欠陥」により「人」に「被害」が生じた場合に，「製造業者等」に損害賠償責任を課すことを目的としている。

この場合の「被害」とは，生命，身体，および当該製造物以外の財産に生じるものであって，当該製造物が使えないなどの品質の悪さは対象としない。

被害者を「人」としたことにより，その製造物の消費者を，個人に限定せず，法人も救済の対象に広げている。また，直接の被害者だけでなく，巻き込まれた形で被害を受けた第三者の救済も可能となる。

(2)　範囲・適用対象　　本法では製造物を「製造又は加工された動産」（2条1項）と定義している。これは，原材料に手を加えて作り出された新たな製品，または工作を加えられ価値が高められた製品を意味し，サービスなどの役務は除外される。

「動産」であることから，土地，建物などの不動産は除外され，

「物」についての民法の伝統的解釈に基づき，有体物ではない熱，電気などのエネルギーも除外されることになる。

民法の伝統的解釈からは，人の臓器など人体の一部も人体を離れると「物」として扱われる。「製造物」として臓器は含まれないこととなるが，血液については，輸血されるまでの間に加工しなければ保存できない性質から，製造物とされる。

中古品については，消費者と製造業者との間に以前の所有者が介在することにより，責任の所在が複雑となる可能性がある。以前の所有者が中古品取扱業者で，何らかの改造を加えたために，その欠陥が生じた場合には，製造業者への製造物責任は問えず，以前の所有者や中古品販売業者に対し責任追及をせざるをえない。その場合，売主に契約責任（民415条，566条）を問うか，不法行為責任（同709条）を問うこととなる。以前の所有者が何の改造も加えていない素人の場合には，製造物責任を問える。

欠　陥　「欠陥」とは，「当該製造物の特性」，「その通常予見される使用形態」，「製造業者等がその製造物を引き渡した時期」，「その他の当該製造物に係る事情」を考慮して，「当該製造物が通常有すべき安全性を欠いていること」（2条2項）と定義されている。

まず，「製造物の特性」とは，安全や危険に関わる性質を意味するため，用途の特性に応じて考えられるべきである。食品，医薬品，化粧品，乗物，機械製品，建材など様々な製造物によって異なることは明白である。

次の「通常」とは，いわゆる消費者期待基準といわれ，広く社会一般的に健全な常識として消費者が期待している程度であるが，同時に社会の多様性に応じる必要も生じる。

「通常予見される使用形態」は，合理的に予見できない誤使用を

除くものである。指示・警告は明確かつ適切になされていても，不適正な使用により被害が生じた場合には，欠陥とはならない。ただし，いわゆる脆弱な消費者である子どもや高齢者については配慮が必要となる。

「引き渡した時期」については，販売開始時期と事故発生時に安全性の認識について隔たりが生じていることもあり得るため，事例ごとの柔軟な解釈がなされるべきである。

「その他の当該製造物に係る事情」には，安全性にかかる基準，リコールとの関係，明白な危険や使用者の危険認識などが挙げられる。基準については，行政による強制基準に反する場合には製造者に責任が認められるのに対して，任意基準の場合には欠陥が否定されることが多い。リコールがなされた製造物であっても，必ずしも欠陥が認められるわけではない。明白な危険については，ハサミを使う際に間違えて指を切ってもハサミに欠陥は認められないが，新薬を投薬する医師に副作用について危険認識が認められる場合もあるように，総合的に「通常有すべき安全性」が判断されることとなる。

以上の点から「欠陥」の存否が判断されるが，その内容は，アメリカ法の設計上の欠陥，製造上の欠陥，指示・警告上の欠陥の３分類を用いるのが一般的である。

(1) 設計上の欠陥　　設計上の欠陥とは，製品の開発・設計段階で，製造業者が安全性に十分な配慮をしなかったために，製造物に欠陥が生じた場合をいい，この場合，欠陥は当該製造物のすべてに存在することになる。製造者には代替的な設計を行うべき義務があったことがその根拠となる。

(2) 製造上の欠陥　　製造上の欠陥とは，製品の設計・仕様には問題がなく，設計・仕様どおりに製造されなかった場合の欠陥をい

う。大量製造品などで製造過程で不純物が混じった医薬品や，組立てを誤ったためにショートが起きる家電製品などが該当する。

(3) 指示・警告上の欠陥　製造業者には，製品を使用する過程で危険が発生する可能性を察知できるのだから，購入・使用する人がその危険性を十分に認識でき，危険の発生を回避できるように促す義務がある。マニュアルや製品上にその表示をすべきであるが，それを怠った場合に問われる欠陥を，指示・警告上の欠陥という。

製造業者（2条3項）　製造業者には，製造業者，加工業者，輸入業者が示されているが，これらは自然人，法人，業者としての規模を問うものではない。消費者が製造物を購入するに際して信頼を寄せ，製造業者として利益を収めていれば該当する。

製造物責任（3条）　PL法の最大の特徴は，製造業者がその製品の「欠陥により」損害が生じた場合に責任を負うとしている点である。これは，従来の不法行為責任の「過失」を「欠陥」に置き換える。また，不法行為責任での因果関係の推定も定められず，事実上の推定とすることによって，被害者による立証の困難を軽減する意義をもつ。

　ただし，「損害が当該製造物についてのみ生じたとき」は，損害賠償の対象から除外される。これは被害者救済の意義は，拡大損害（＝生命，身体または財産の侵害）からの保護であり，製品そのものに欠陥がとどまる場合には，基本的には製造業者ではなく売主による契約責任とするという趣旨である。例えば，スマートフォンの放熱により火傷を負った場合には本法が適用されるが，スマートフォン自体が使えなくなったにとどまる場合には適用されない。

免責事由と期間制限　(1) 免責事由　(a) 開発危険の抗弁（4条1号）　当該製品を流通に置いたときの科

学技術の知見によって欠陥を認識できなかったならば，製造業者は責任を負わないというのが開発危険の抗弁である。製造業者が，科学技術の発展に努力することは消費者の利益につながるから，製造業者が意欲を失わないようにすることは，社会全体の利益でもあり，その意味では合理的であろう。

　しかし，消費者が予見可能性を立証するのは困難であるのに対して，製造業者が当時の技術水準では欠陥を発見できなかったことを立証するのは比較的容易である。過失を欠陥に置き換え，消費者の立証責任を軽減した趣旨からすれば，問題とする技術水準は，当該製品に関する世界最高水準であり，その水準によっても欠陥を認識できないことが客観的に判断され，製造業者の負う注意義務は厳密に解釈されるべきである。

　(b)　部品・原材料製造業者の抗弁（4条2号）　　部品や原材料は，完成された製造物の構成部分として消費者の手に渡るため，独立した製造物としての性質はない。しかし，元々の欠陥が部品や原材料にあるために最終製造物に欠陥が生じた場合には，これらの製造業者は全体として賠償責任を負わなければならなくなる（不真正連帯債務，民法には直接の規定はなく，基本的に連帯債務の規定を準用する）。しかし，最終製造物の製造者と，部品の製造者との間には元請と下請の関係による様々な格差があるゆえ，下請業者である部品製造者に設計指示の抗弁を認めるのが本号の趣旨である。

　要件としては，部品または原材料として使用され，その欠陥が他の製造者による設計に関する指示によるもので，部品・原材料製造者が無過失であることを要する。

　(2)　期間制限　　損害賠償請求権の期間制限は，損害によって異なる。財産的損害については3年の消滅時効と，10年の除斥期間が定められ，生命または身体損害については除斥期間は同様だが消滅

時効は5年と定められている。財産的損害の消滅時効が人身損害に比べて短いのは，民法724条の2の新設に伴うことによる。同条の趣旨は，人身損害の要保護性の高さと，長期間の治療に及ぶ場合に被害者には迅速な権利行使が困難な可能性があることで，製造物責任であっても原点は製造者による不法行為であるゆえに同じ規定が設けられた。薬品等のように体内に蓄積し，発症するまで時間の経過を必要とする損害の場合には，例外的にその損害が発生した時から期間制限が進行する（5条3項）。

課題と限界　製造物に内在する欠陥を原因とする損害から被害者を救済する趣旨で立法化された本法だが，立法当初はこの被害者を消費者と想定していたものの，コンピューターを媒介として諸産業が著しく発展し，製造物が複雑化し，被害者も消費者だけに限らず広がりを示すようになっている。製造者には無過失責任を課され，製造物の安全性を高める意味では本法は一定の役割を果たしているとも考えられるが，立法から30年近くたった現在での和解を含めた訴訟数は578例で（消費者庁2023年3月15日現在），事例の蓄積による解釈指針を求めるのは困難である。一層の消費者保護の観点からより柔軟な解釈に基づく幅広い救済が図られるべきである。

　被害者は消費者に限られない。今後も生じうる事例解決の懸念ではあるものの，製造物の特性に鑑みれば明らかに対等ではない当事者を保護すべきケースもありうる。製造物責任法の解釈にあたっては，この点を念頭に置くことを一層強く求めるべきである。

第9章 公正・自由な競争と消費者

1 公正・自由な競争秩序の意義

　わが国の経済社会は、自由な取引を基本とする自由主義経済社会であり、企業は商品やサービスの価格や品質などをめぐって自由で活発な競争を行っている。そして競争とは、「より良いものをより安く」提供しようとする行為、すなわち、同一または同種の商品やサービスであれば、できるだけ低価格で販売しようとし、同程度の価格であればより質の良い商品やサービスを提供しようとして競う行為である。消費者の権利や利益の確保という観点から見れば、市場において競争が活発に行われていることは、第1に、消費者がより良いものをより安い価格で手に入れられることを意味し、第2に、多くの企業が消費者の支持を得ようとして様々な商品やサービスを提供するので、消費者は多くの商品やサービスから自分の要求と必要に応じて自由に選べることになり、消費者の選択の権利の確保にも役立つことを意味する。

　もちろん自由な競争があれば十分というわけではない。取引における強い力を悪用して、消費者に安い商品やサービスを提供しようとする他企業（取引先や競争業者など）に不当な制約を加えたり、資本力の違いだけで勝負の決まる競争方法をとったり、大げさで虚偽を含む不正確な情報を消費者に示して競争したりすれば、競争秩序が歪められ、消費者の選択の権利が害されたり、消費者が適正な競争価格で商品やサービスを入手することが困難になったりする。競

争にもルールが必要であり，公正な競争でなければならない。

このように，市場において公正かつ自由な競争秩序が保たれることが，消費者の権利や利益を確保する上で非常に重要なのである。そしてわが国では，市場における競争秩序を維持するために，「私的独占の禁止及び公正取引の確保に関する法律」（以下，「独占禁止法」という）が制定され，公正取引委員会（以下，「公取委」という）という特別な行政機関により運用されている。

2　独占禁止法

> 【Case 9-1】　ある冬，ガソリン価格が高騰した。毎日，自家用車を利用するＡは，ガソリンの価格高騰で例年の倍近いガソリン代を払っていた。しかしそのうちに，石油会社がガソリンなどの石油製品の価格カルテルを結んでいたことが公取委により摘発され，ガソリンの価格は下がり始めた。Ａは払い過ぎたガソリン代金を取り戻すことができるか。

独占禁止法は，「私的独占」，「不当な取引制限」，「不公正な取引方法」という違法行為を禁止したり，合併や株式の取得・保有などによる企業結合を規制したり，「事業支配力の過度の集中を防止」する規制を行ったりすることを通じて，「公正且つ自由な競争を促進し，事業者の創意を発揮させ，事業活動を盛んにし，雇傭及び国民実所得の水準を高め，以て，一般消費者の利益を確保するとともに，国民経済の民主的で健全な発達を促進する」（1条）ための法律である。つまり，公正かつ自由な競争の促進により一般消費者の利益を確保することが，本法の大きな目的の1つなのである。

以下では，消費者の権利や利益の確保に関係の深い規制と，消費者による独占禁止法の活用に絞って取り上げることとする。

カルテルの禁止（不当な取引制限の禁止等） 企業は，製品の種類や品質，生産・販売量，価格などを自らだけの判断で決定するが，競争が激しくなって利益確保が困難になると，安定利益確保のために競争業者たちと連絡しあって競争を回避する行動をとることがある。これがカルテルである。価格について合意する価格カルテルが多いが，生産や販売の数量，生産分野，販売地域，取引の相手方など，様々なことについて行われる。カルテルは競争業者たちが一定の市場での競争を消滅させる行為なので，競争促進を目的とする独占禁止法は，これを非常に悪質な行為と評価する。諸外国の同様の法制度でも，カルテルは原則禁止の扱いを受けている。

カルテル事件は相当に多い。自治体や国の機関などが発注する建設・土木工事などの入札談合が毎年摘発され，納税者たる消費者から見て問題である。カルテルの多くは中間財をめぐって行われるが，直接に消費生活物資やサービスが対象になる場合もある。その典型的事例が石油カルテル事件であった（→ Topic 灯油裁判（196頁））。近年でも，壁紙，百貨店の優待ギフト送料，高等学校の制服，高血圧症の薬など消費者に直接影響する価格カルテルが摘発されている。

独占禁止法上カルテルは，個々の企業の行為として捉えられる場合には「不当な取引制限」（2条6項，3条）により，国際カルテルは「特定の国際的協定又は契約の禁止」（6条）により禁止される。また，カルテルが業界団体（独占禁止法では「事業者団体」という）などに主導される場合，事業者団体の禁止行為ともされている（8条）。

不公正な取引方法の禁止 消費者にとって，自由な競争だけでなく，公正な競争が行われることも重要である。独占禁止法はこれを不公正な取引方法の禁止（19条）として具体化している。不

公正な取引方法は，2条9項1号〜5号で法定された5つの行為と，同項6号に基づいて公取委が指定した行為とに分かれ，後者には，業種を超えて適用される「一般指定」(15の行為) と，新聞業，大規模小売業者と納入業者との取引，特定荷主による物品の保管・委託という特定の分野だけを対象とする「特殊指定」とがある。

　以下では，消費者取引でも問題となる「不当廉売」，「再販売価格の拘束」，「抱き合わせ販売」と，デジタル化社会のなかでの消費者問題に関わって「優越的地位の濫用」の一部だけを取り上げる。

　(1)　不当廉売 (2条9項3号，一般指定6項)　　価格競争による価格低下は消費者の利益となり歓迎されるが，競争業者に打撃を与えるためなど，度を超えた低価格販売は「不当廉売」となる。典型的な不当廉売は，供給に要する費用を著しく下回る対価で継続して供給することで競争業者などの事業を困難に陥れることであり，公取委の実務では，継続的な原価割れ販売がこれに当たるとされる。1980年代以降の規制緩和に伴う「価格破壊」により多く問題とされてきた。スーパーによる牛乳の廉売合戦の事例 (マルエツ・ハローマート事件) やガソリンの不当廉売事件もあるが，石油製品，酒類，家電製品などの分野で多く，毎年200件前後が公取委による注意や警告で処理されている。また，独占禁止法違反を理由とする国民からの公取委への措置請求 (措置請求については197頁参照) は毎年3,000件程度あるが，その半数以上 (多い年は70%以上) が不当廉売事案であり，不当廉売は消費者に身近な違法行為といえる。

　(2)　再販売価格の拘束 (2条9項4号)　　再販売価格の拘束は再販売価格維持行為ともいい (以下，「再販」または「再販行為」という)，流通過程で行われる違法行為である。例えばある製品のメーカーAが，取引先である卸売業者Bに対して，その製品の小売業者への販売価格 (卸売価格＝Aから見れば再販売価格) について具体

的に指示し，従わない場合には出荷停止あるいは出荷量削減などの措置をとる旨の圧力をかけ，指示する価格を守らせようとする場合がある。同様にメーカー A は，B の取引先である小売業者 C に対しても，その販売価格（小売価格＝A から見れば再々販売価格）を具体的に指示して，B を通じて圧力をかける。こうして A は，B の卸売価格や C の小売価格を指示して守らせることにより，小売段階での価格競争の激化による値崩れを防止しようとするのである。

再販行為が行われる商品は，ほとんどの場合，高価格でも消費者に購入されるブランド品（商標品）である。ブランド力があると，卸売業者や小売業者にとっては，メーカーなどの価格拘束によって販売価格が高止まりしても，一定数は確実に売れて利益が出るので，メーカーなどの価格指示を受け入れやすいのである。

この再販行為が実効性をもって実施されると，卸売業者や小売業者はメーカーなどの指示する価格でしか販売できず，価格はどの店舗で購入しても同一という結果をもたらす。つまり当該商品についての卸売業者間や小売業者間の価格競争はほぼ完全に消滅することになる。またこの行為は，卸売業者や小売業者の価格決定という重要な競争機能をメーカーなどが制約するものでもある。だからこそ独占禁止法は，再販行為を悪性の強い行為として原則的に禁止している。

ただし，適用除外再販と呼ばれる例外がある。著作物の再販である（公取委が指定する指定再販も制度としてはあるが，全廃されて今はない）。著作物再販（法に明記されているので法定再販ともいう）には，独占禁止法が適用されず，合法的に再販行為ができる（23条）。

ここで著作物とは，著作権法上のすべての著作物を指すわけではなく，公取委は，「**書籍，雑誌，新聞，レコード盤，音楽テープ，音楽 CD**」の 6 品目に限っている。これらが適用除外される理由に

は諸説があるが，例えば，著作物の多様性を維持して文化を保護するためなどの理由が考えられる。適用除外再販が認められているからこそ，これらの商品には出版社，新聞社，レコード会社などによって商品に定価が付されているのである。しかし法定再販といっても，法的な再販強制ではないので，出版社やレコード会社の意向によっては，最初から再販対象とせずに競争価格で販売できるし，再販を一定期間に限る時限再販も行われている。

　なお適用除外再販の販売の相手方には，一定の法律に基づいて設立された組合などを含まない（23条5項）ので，共済組合や消費生活協同組合（生協）を相手方とする再販行為は適用除外とはならず，大学生協などでは書籍等の値引き販売は普通に行われている。

　(3)　抱き合わせ販売（一般指定10項）　　抱き合わせ販売とは，ある商品（売れ筋商品など）の販売の際に，別の商品（販売不振商品など）の購入を余儀なくさせることである。顧客はいらないものの購入を強制されるので，適正な商品選択が歪められる。消費者との取引ではないが，消費者が店頭に殺到することが予想された人気テレビゲームソフトの発売に際して，入荷量確保を強く希望する小売業者に対し，卸売業者が，新発売のゲームソフト1本につき売れ残り在庫ソフト3本を抱き合わせて小売業者に販売した事例がある。また，コロナ禍初期のマスク品薄で，一部ドラッグストアがマスクと栄養ドリンクや化粧品を抱き合わせていたことが問題になり，公取委は日本チェーンドラッグストア協会にマスクの抱き合わせ販売を行わないように要請した。

　(4)　優越的地位の濫用（2条9項5号）　　近年，情報通信技術やデータを活用して第三者にオンラインサービスの場を提供する巨大なデジタル・プラットフォーム（以下，「DPF」という）事業者が登場し，多方面からの規制が進みつつあるが，寡占化・独占化の傾向

にあることから競争政策上も問題になる。特に消費者の個人情報を含む膨大なデータを収集・管理・利用するので，公取委は2019年に，「デジタル・プラットフォーム事業者と個人情報等を提供する消費者との取引における優越的地位の濫用に関する独占禁止法上の考え方」（以下，「考え方」という）を公表した。

優越的地位の濫用とは，自己の取引上の地位が相手方に優越していることを利用して，正常な商慣習に照らして不当な不利益を与える行為（不当な利益提供の要請，不当返品・減額，取引条件の不利益変更など）だが，これまでは銀行と顧客，スーパー・家電量販店・ホームセンター等の大型小売業者と納入業者，コンビニ本部と加盟店などの事業者間で多く問題とされ，消費者との取引は問題にされなかった。しかし，DPF 事業者による個人情報等の収集・利用に限ってではあるが，優越的地位の濫用行為が消費者取引でも問題になり得ることが初めて明確にされたことは注目すべきである。

考え方では，(1)個人情報等の不当な取得（ア．利用目的を消費者に知らせない個人情報取得，イ．利用目的達成に必要な範囲を超え，消費者の意に反した個人情報取得，ウ．個人データの安全管理に必要・適切な措置を講じない個人情報取得）と，(2)個人情報等の不当な利用（ア．利用目的達成に必要な範囲を超え，消費者の意に反した個人情報利用，イ．個人データの安全管理に必要・適切な措置を講じない個人情報利用）を優越的地位の濫用に該当し得る行為類型としており，今後の運用や展開が期待される。

違反行為の抑止　違反行為を抑止するために，独占禁止法は4つの規制手法を用意している。その第1は，公取委による排除措置（7条1項）である。これは，違反行為をやめさせるための措置を命じるもので，例えばカルテルの場合，カルテル合意の破棄の確認を取締役会などで決議すること，カルテルを破棄

図表 9 - 1　課徴金の算定率

( ) 内は違反事業者およびそのグループ会社がすべて中小企業の場合

不当な 取引制限	支配型 私的独占	排除型 私的独占	共同の取引拒絶，差別対価， 不当廉売，再販売価格の拘束	優越的 地位の濫用
10％（4 ％）	10％	6 ％	3 ％	1 ％

した旨を取引先や従業員などに周知徹底すること，とった措置を公取委に報告することなどが一括して命じられる。

　第 2 に，一種の行政上の制裁金として，違反事業者に課される課徴金がある（課徴金納付命令〔7 条の 2 など〕）。その額は，違反行為の実行期間中（最長10年間）の対象商品・サービスの売上額などに**図表 9 - 1** の算定率を掛け合わせることを基本に算出する。

　なおカルテル（不当な取引制限）に対する算定率は，①違反行為を繰り返した場合か②主導的な役割を果たした場合には1.5倍に加算され，①にも②にも該当する場合には 2 倍に加算される。

　実際の課徴金の額は相当の高額になることもあり，例えば電力会社 5 社のカルテル事件（2023年 3 月30日）では，4 社で総額約1,010億円の課徴金納付が命じられた（係争中）。要するに，経済的な痛みを与えて違反行為を抑止することを狙ったものである。ただしカルテルの場合，違反事業者が公取委の調査開始前又は後に自主申告すれば，その時期，報告順位，調査への協力度合いに応じて，課徴金が全額免除から 5 ％免除まで減免されるリーニエンシーと呼ばれる課徴金減免制度がとられている。

　上記の排除措置命令や課徴金納付命令に企業側が不服であれば，東京地方裁判所に不服審査（抗告訴訟）を申し立てることになる。

　第 3 に，刑事制裁がある。違反行為を反復する，排除措置に従わないなど行政処分では法の目的を達成できないと考えられる場合や，カルテルや私的独占などの違反行為で国民生活に広範な影響を

灯油裁判

Topic

● ●

　　　第一次オイルショック時の1973年に石油元売業者12社が
　　　価格カルテルなどを結び，１年間に石油製品の元売仕切価
格を５度にわたって引き上げた石油カルテル事件が発生した。公取委はこ
の価格協定の破棄を命じ，さらにこの事件は刑事事件にもなった。このカ
ルテルによって高い灯油を買わされるという被害を受けたとして，主婦連
合会会員や神奈川生協組合員ら96名が独占禁止法25条に基づく損害賠償請
求を，審決の確定した６社を相手方として東京高裁に提起したが敗訴した
（東京灯油裁判）。また，山形県の鶴岡生協組合員ら1,654名が，民709条
に基づく損害賠償請求を上記12社と石油連盟を相手方として山形地裁鶴岡
支部に提起した（鶴岡灯油裁判）。地裁では原告が敗訴したものの，仙台
高裁秋田支部（控訴審）では勝訴し，損害賠償が石油会社らに命じられ
た。両事件は最高裁に上告され，東京灯油裁判は1987年７月２日に，鶴岡
灯油裁判は1989年12月８日に，それぞれ消費者敗訴の判決が下されて事件
は終結した。この判決で最高裁は，損害額などに関する厳しい立証責任を
消費者に課したため，消費者が独占禁止法違反に基づいて損害賠償を請求
する途を事実上閉ざすものだとして，強く批判された。この裁判は消費者
運動として取り組まれた（請求額は１人平均2,355円）が，その強い動機
は「米より大事な灯油という生活必需品がなくなったことへの怒り」（「鶴
岡灯油裁判資料室だより」第３号）と，その背後にあったカルテルへの怒
りであった。消費者敗訴という結果に終わりはしたが，2006年の民事訴訟
法248条の改正による「損害額認定制度」の新設へとつながるなどの成果
も残した。生活協同組合共立社（鶴岡市）に設置された「鶴岡灯油裁判資
料室」では当時の貴重な資料が展示されており，閲覧することができる。

【山本　晃正】

及ぼすと考えられる悪質かつ重大な事案（犯則事件）の場合，公取
委が検事総長に対して独占禁止法違反の罪で告発することがあり
（96条），刑事事件として処罰され得る。例えば，不当な取引制限違
反の罪は５年以下の懲役または500万円以下の罰金（89条１項）であ
り，行為者だけではなく，会社などの法人自体も５億円以下の罰金
刑に処される（両罰規定〔95条〕）。カルテルなどは犯罪なのである。

第4に，確約手続がある（48条の2～48条の9）。TPP協定ならび
にTPP11協定の締結に伴って導入され，独占禁止法違反の疑いの
ある行為について公取委と事業者との間の合意により自主的に解決
する制度である。公取委が独占禁止法違反の疑いのある行為につい
て当該事業者に通知し，事業者に違反行為をやめるための「確約計
画（排除措置計画および排除確保措置計画）」を自主的に作成させ，そ
れを認定する。認定されれば事業者は排除措置命令や課徴金納付命
令を受けることはなくなる。ただし，入札談合や価格カルテルなど
のハードコアカルテルの場合，10年以内に同じ違反行為を繰り返し
た場合，刑事告発に相当する悪質重大な事案の場合は対象とされな
い。

消費者による独占禁止法の利用　独占禁止法は，もっぱら公取委だけが運用するが，私人たる消費者がこの法律を利用する
手段がいくつか用意されている。

　(1)　措置請求　　何人（なんぴと）も，独占禁止法違反の事実が
あると考えるときは，公取委に対しその事実を知らせて適当な措置
をとるように請求できる。この場合，公取委は必要な調査をしなけ
ればならず，特に具体的事実を摘示した書面で措置請求された場合
には，適当な措置をとったのか，とらないこととしたのかを，その
措置請求をした者に通知しなければならない（45条）。

　(2)　差止請求　　企業や事業者団体の不公正な取引方法に違反す
る行為により，利益を侵害され，または侵害されるおそれがある者
は，これにより著しい損害を生じ，または生ずるおそれがあるとき
は，利益を侵害する企業や事業者団体に対し，その侵害の停止また
は予防を請求することができる（24条）。

　(3)　損害賠償請求　　カルテルや不公正な取引方法などによって
被害を受けた者は，損害賠償を請求できる（25条）。この被害者に

はこれらの違法行為によって直接に被害を受けた消費者はもちろん，例えばメーカー段階での価格カルテルにより，流通段階を介して末端に位置する消費者が不当に高いカルテル価格で商品を購入せざるをえない場合など，消費者が間接的な被害者である場合も含まれる。この企業の損害賠償責任は無過失責任である。ただし，請求ができるのは，公取委の排除措置命令や課徴金納付命令が確定した後に限られる（26条）。またそのための裁判の第一審は，東京地方裁判所とされている（85条の2）。さらに，この訴えが提起された場合には，裁判所は公取委に対し，同条に規定する違反行為によって生じた損害の額について，意見を求めることができる（84条）。

　以上は独占禁止法に基づく損害賠償請求であるが，もちろん一般の不法行為責任に基づく損害賠償請求も可能である（民709条）。

第**10**章　消費者被害の救済

1　はじめに

消費者被害の特徴　消費者基本法は、「消費者に被害が生じた場合には適切かつ迅速に救済されることが消費者の権利であることを尊重する」と定め（2条1項）、消費者被害の救済が消費者の権利であることを明示する。しかし、この権利を実現するためには、消費者被害の次のような特徴を踏まえる必要がある。

　第1に、1人ひとりの被害金額が少額であるケースが多い（①被害の少額性）。もちろん高額な被害が発生する場合も相当数存在するが、被害救済のための手続き費用と比べて被害金額が少額の場合、消費者としては被害回復を諦めざるを得ない。費用のみならず、時間もかかることを考えれば、なおさらである。一方で、このような被害を生じさせている事業者は、他でも多数の被害を生じさせ、大きな利益を得ている可能性が高い。つまり、少額の被害を救済できないことは、1人の消費者の泣き寝入りにとどまらず、こうした事業者によるさらなる被害を助長することにもなりかねない。

　第2に、消費者の有する情報の質や量は、事業者に比べて圧倒的に劣る（②情報等の格差）。消費者取引において重視されるべき事業者と消費者との間の情報や交渉力の格差は、被害救済の場面でも顕著に現れる。商品の品質が適正なものであるのか、点検商法等そのサービスが必要なものであったのか、価格は提供された商品やサー

ビスに見合ったものなのか，消費者側がこれらを証明するには困難
が伴う。さらに，消費者が契約時に「形式的なものだから」などと
説明されて，「すべて説明を受けました」などと記載した書面に署
名・押印させられている場合もある。このように，多くの取引経験
を有する事業者と消費者とでは，紛争対応の点でも大きな格差があ
る。

　第3に，消費者の行動は必ずしも経済的合理性を有するものでは
ない（③消費者の非合理性）。恋愛感情や友情，同情，感謝などの感
情的な要因や，「早く帰りたい」「疲れた」との理由で高額な契約を
してしまうなど，経済的合理性では説明できない実態がある。そし
て，悪質な事業者は，この非合理性を利用して消費者を勧誘し，大
きな利益を得ている。そうした消費者被害の仕組みを理解した解決
が必要となる。

紛争解決手段の概観　　紛争解決の手段としては，任意の交渉，裁
　　　　　　　　　　　　判外紛争解決手続（ADR），民事訴訟などが
ある。

　消費者被害の救済においても，任意の交渉で解決に至るケースも
ある。しかし，あくまでも任意のため，事業者が交渉に応じない場
合も多く，また悪質な事業者の場合には連絡先が不明であったり，
連絡が取れなくなってしまうケースも多々ある。

　民事訴訟は，事業者が応じなくても手続きを進めることができ，
債務名義を取得することで強制執行も可能である。被害救済の手段
としては強力だが，手続きは専門性が高く，費用と時間がかかるた
め，上記①被害の少額性の点から，消費者が選択しにくいケースも
多い。そこで，消費者被害を適切に回復し，消費者の利益の擁護を
図るため，消費者裁判手続特例法が制定された（2016年10月施行）。

　裁判外紛争解決手続（ADR）は，手続きが簡易で費用も廉価なの

で，上記①被害の少額性を考慮しても，消費者が選択しやすい手段である。加えて，国民生活センターや消費者センターのADRは，上記②情報等の格差や③消費者の非合理性を理解した専門家が関与するため，消費者被害の救済という目的に合致した解決が図られやすい。しかし，あくまでも話合いによる解決手段なので，事業者が解決案に合意しない場合やそもそも事業者が手続きに出席しない場合には解決には至らない。

　実際の事件においては，各手続きの長所・短所を比較し，事案に合った解決手段を選択することになる。

2　裁判外紛争解決手続(ADR)による消費者被害の救済

　ADRは，Alternative Dispute Resolution の略称であり，裁判外紛争解決手続の利用の促進に関する法律（ADR法）では，裁判外紛争解決手続を「訴訟手続によらずに民事上の紛争の解決をしようとする当事者のため，公正な第三者が関与して，その解決を図る手続」と定義する（1条）。具体的には，あっせん，調停，仲裁などにより当事者の合意の上で解決を図る手段である。

　ADRの利点として，一般に申立ての簡易性，手続きの柔軟性・迅速性・非公開・廉価性，専門家の関与などが指摘される。このため，前述のように消費者被害の救済手段としての有効性が高く，特に国民生活センターや消費者センターのADRが果たす役割は大きい。

　なお，上述のとおり，ADR法は裁判外紛争解決手続に「相談」を含めないが，以下では相談業務も含めた裁判外における消費者被害の救済手段をみていく。

消費生活センターの相談、助言・あっせん

消費生活センターは、消費生活に関する消費者の多様な苦情等を受け付け、消費者への助言や事業者とのあっせんを行うことにより、消費者トラブルの解決を図る手助けをする、いわば消費者の後見的役割を担う重要な組織である。しかしながら、従来、組織として法律上位置づけられていなかった。そこで、2011年の消費者庁設置とともに制定された消費者安全法は、消費生活相談等が地方公共団体の事務であることを確認的に規定した上で（消安法8条）、これらの事務を行う消費生活センターの設置を、都道府県には義務づけ（10条1項）、市町村には努力義務として（同条2項）規定した。2023年4月1日現在、全国に857ヶ所の消費生活センターが設置されている（消費者庁「令和5年度　地方消費者行政の現況調査」）。

消費生活センターでは、相談や苦情を来所だけでなく電話でも受け付けている。「消費者ホットライン（188）」は、全国共通の電話番号で、最寄りの消費生活相談窓口に接続される。また、消費生活センターに寄せられた相談情報は、国民生活センターの全国消費生活情報ネットワークシステム（PIO-NET）に集約され、その情報は全国の消費生活センターや消費者庁で活用されている。

消費者からの相談を受けた消費生活センターは、紛争解決のため、消費者に対してクーリング・オフ通知の作成方法や交渉の方法について助言を行ったり、消費者と事業者との間に立ってあっせんを行う。あっせんでは、消費生活相談員が消費者から聞き取った相談内容をもとに、事業者に対して事実関係の確認や問題点の指摘などを行い、最終的な解決に向けて交渉を行う。2022年度に全国の消費生活センター等に寄せられた消費者相談の件数は、100万7,784件である（消費者庁「令和5年度　地方消費者行政の現況調査」）。消費者にとって、消費生活センターは身近で敷居の低い相談窓口であり、

事案によっては消費生活センターから弁護士会や弁護団への相談を勧めるなど，紛争解決の入口ともなっている。

　消費生活センターで相談やあっせんを担当する消費生活相談員は，2014年の消費者安全法改正により法律上の職として位置づけられ，消費生活相談員資格は国家資格とされた（10条の３）。現在，国民生活センターが付与する消費生活専門相談員，一般財団法人日本産業協会が付与する消費生活アドバイザー，一般財団法人日本消費者協会が付与する消費生活コンサルタントが，この資格として認められている。

地方公共団体の苦情処理委員会　消費生活センターのあっせんが不調になった場合の紛争解決機関として，多くの都道府県や一部の政令指定都市・市区町村に苦情処理委員会が設置されている（名称は，消費者苦情処理委員会，消費者被害救済委員会など）。

　活動実績の多い東京都消費者被害救済委員会は，東京都消費生活条例において「あっせん，調停等を行う知事の附属機関」として位置づけられ（29条１項），委員会は学識経験者，消費者，事業者で構成される（同条２項）。紛争処理が付託されると，委員会は当事者から事情聴取を行った上で，あっせん案を作成して当事者に提示する。当事者がこれに応じない場合には，調停案を作成して受諾するように勧告する。審議が終了すると，事案の概要やあっせん・調停案の考え方（法律構成など），同種・類似被害の再発防止に向けて事業者・消費者・行政に求められることが報告書として公表される。東京都消費者被害救済委員会には，運用開始から2023年７月４日までに95件が付託され，うち93件についての報告書が公表されている（東京都消費生活総合センターウェブサイト）。

国民生活センターの紛争解決委員会　2008年５月，国民生活センター法の改正により，国民生活センターに紛争解決委員会

が設置され，「和解の仲介」または「仲裁」という2種類のADRが実施されている（11条）。

　紛争解決委員会が扱う「重要消費者紛争」（1条の2第2項）は，消費生活に関する消費者および適格消費者団体と事業者との間で生じる民事上の紛争のうち，①同種の被害が相当多数の者に及び，又は及ぶおそれがある事件（多数性。国民生活センター法施行規則1条1号），②国民の生命，身体又は財産に重大な危害を及ぼし，又は及ぼすおそれがある事件（重大性。同条2号），③争点が多数又は錯綜しているなど事件が複雑であること等，紛争解決委員会の手続によることが適当であると認められる紛争（複雑性。同条3号）である。

　紛争解決委員会は，独立してその職権を行い（国民生活センター法11条3項），15人以内の委員によって構成される。委員は，法律や商品・役務の取引に関する専門的な知識・経験を有する者のうちから選ばれ（13条1項），さらに幅広い分野で生じる消費者紛争に対応するため，医療，建築，自動車など各分野の専門知識を有する特別委員を置くことができる（16条）。

　紛争解決委員会の行う「和解の仲介」は，仲介委員が当事者間の交渉を仲介し，和解を成立させることによって紛争解決を図る手続である（19条～28条）。重要消費者紛争の当事者による申請がなされると，委員または特別委員の中から仲介委員が指名され（20条），複数回の話合いを経て，仲介委員が和解案を作成し，当事者に対して受諾を勧告する（25条）。和解が成立した場合，和解契約書（和解書）が作成され，当事者はその内容を履行するが，裁判上の和解と異なり執行力はない。この和解仲介手続に関しては，時効の中断効（27条），訴訟手続の中止（28条）も規定されている。

　「仲裁」とは，仲裁委員が判断（仲裁判断）を行い，当事者がその仲裁判断に従うことで紛争解決を図る手続である。仲裁判断には確

定判決と同様の効力が認められ，強制執行もできる（29条〜33条）。このため，仲裁手続の申請には，仲裁判断に従う旨の両当事者の合意が必要である（19条1項・2項）。

　和解仲介と仲裁のいずれについても，申請の日から原則3ヶ月以内に手続を終了するよう努めるものとされ（国民生活センター法施行規則18条），手続終了後は必要と認める場合に結果の概要を公表することができる（国民生活センター法36条）。

　これらの手続については，運用が開始した2009年度から2022年度までに合計2,188件の申請があり，近年は概ね年間140〜200件程度申請されているが，その大半は相手方当事者の合意が不要な和解仲介手続である。さらに，手続が終了した2,155件のうち，和解が成立したのは1,302件と高い実績を上げている（国民生活センターウェブサイト）。これは，紛争解決委員会が上記1で述べた消費者被害の特性に鑑み，廉価で迅速，かつ情報等の格差や消費者の非合理性を理解する専門家委員による手続を実現したことが大きな要因と考えられる。

民間型ADR　民間型ADRのうち，ADR法により認証を受けた認証ADR（5条）は，時効中断効（25条）や訴訟手続の中止（26条），調停前置主義の特例（調停前置が義務づけられた手続において，調停をADRに代替することができる。27条）が認められている。

　消費者被害の救済を目的とした認証ADRとして，事業者団体や事業者間の自主規制機関によって設立された各分野のPLセンターが挙げられる。家電製品PLセンター，消費生活用製品PLセンター，ガス石油機器PLセンター，公益財団法人自動車製造物責任相談センター，医薬品PLセンターなどである。また，消費者団体（公益社団法人日本消費生活アドバイザー・コンサルタント・相談員協会）

や弁護士会の紛争解決センターなどもある。

　2009年には，金商法等の16本の法律を改正し，金融分野における消費者と金融機関との苦情処理・紛争解決手続が金融ADRとして整備された。証券・金融商品あっせん相談センター（FINMAC），全国銀行協会，生命保険協会，日本損害保険協会などが活動している（金融庁ウェブサイト）。

3　民事裁判による消費者被害の救済

　民事訴訟　上記1で述べた消費者被害の特性に鑑みれば，費用や時間，専門性，厳格性といった観点から，民事訴訟手続は消費者被害の救済にあたり，必ずしも利用しやすいものではない。

　もっとも，被害額が大きく，強制執行によって一定の被害回復が見込まれるような事案では，民事訴訟によって解決が図られることは多い。また，「消費者訴訟が消費者被害の救済に新たな途を切り拓いてきた」という指摘は重要である（日本弁護士連合会編『消費者法講義〔第5版〕』485頁）。例えば，クレジット契約を利用した被害事案において有力な武器となる「抗弁権の接続」（割販法35条の3の19等）は，多数の裁判例の蓄積による功績といえるし，過払金返還訴訟の裁判例による救済なども同様である。

　消費者団体訴訟制度の概要　消費者団体訴訟制度とは，内閣総理大臣が認定した消費者団体が，消費者に代わって事業者に対して訴訟等を行う制度である。

　上記1にみたような①被害の少額性，②情報等の格差に加え，消費者被害は不特定多数の消費者に生じ，個別の被害が救済されても同種被害の発生拡大を防止できないという特性がある。このような

問題を解決し，消費者被害の防止・救済を図るため，2006年の消費者契約法の改正により，不特定多数の消費者の権利を擁護するために事業者の不当行為を差し止める差止請求制度が導入された。さらに2013年には，消費者裁判手続特例法を制定して，多数の消費者が受けた被害の集団的な回復を求める被害回復制度が導入された。

適格消費者団体による差止請求（消費者契約法） (1) 提訴権者 内閣総理大臣による適格消費者団体の認定を受けた消費者団体のみであり，その認定要件は消費者契約法13条に定められている。

2023年8月現在，全国で25の適格消費者団体が認定されている（消費者庁ウェブサイト）。

(2) 差止請求の対象 適格消費者団体が差止請求できる対象は，事業者が①〜④の行為を，不特定かつ多数の消費者に対して，現実に行い，または行うおそれのある場合である。

①消費者契約法4条に該当する不当な勧誘行為，同8条〜10条に該当する不当な契約条項を含む意思表示（同法12条）

いずれについても，2016年および2018年，2022年の改正により対象範囲が広がった。

②景表法の優良誤認表示・有利誤認表示に該当する広告・表示（同法30条）

③特商法の不当勧誘行為，著しく虚偽または誇大広告（通販，連鎖，業提，特定継続），不当条項（クーリング・オフ妨害，上限を超える損害賠償額），断定的判断の提供（連鎖，業提）（同法58条の18〜58条の24）

④食品表示法の食品表示基準に違反する販売食品の名称，アレルゲン等について著しく事実に相違する表示（同法11条）

(3) 請求の内容 適格消費者団体は，上記(2)の行為の停止もし

くは予防，またはそのために必要な措置をとるよう請求することができる。行為の停止，すなわち「～してはならない」との不作為を求めるのが基本形態だが，行為の停止や予防に必要な措置として，当該行為に供したものの廃棄・除去（消契法12条1項等），契約締結の媒介をした受託者に対する是正の指示または教唆の停止（同条2項），当該行為が優良誤認表示・有利誤認表示に該当する表示である旨の周知（景表法30条1項），当該食品に関して著しく事実に相違する表示を行った旨の周知（食品表示法11条）が例示されている。具体的には，不当勧誘行為を指示する勧誘マニュアルの破棄，契約書の不当条項の削除などである。

(4) 訴訟手続　　差止請求訴訟は，通常の民事訴訟手続で行われるが，いくつか特例がある。

まず，事業者に対し，あらかじめ請求の要旨および紛争の要点等を記載した書面で差止請求を行い，その到達から1週間を経過した後でないと訴えを提起できない（消契法41条）。実務上，適格消費者団体は，この事前の差止請求を行う前に，裁判外の交渉として改善の申入れを行っている。また，訴訟の目的物の価額は，財産権上の請求権でない請求の訴えとみなされ（42条），管轄についても，事業者の本店あるいは営業所の所在地および行為地を管轄する裁判所とされる（43条）。さらに，適格消費者団体が差止請求権を行使できない場合として，当該適格消費者団体もしくは第三者の不正な利益を図りまたは当該事業者への加害を目的とする場合（12条の2第1項1号），同一事業者に対する同一内容の請求について，他の適格消費者団体による確定判決等（訴訟上の和解も含む）が存する場合（同項2号）を定める。

なお，差止請求をより充実させるため，2022年に消費者契約法が改正され，適格消費者団体は，事業者に対し，不当条項が含まれる

おそれがある場合に当該条項を開示するよう要求すること（同法12条の3），解約料の算出根拠を説明するよう要求すること（12条の4）ができるようになった。また，同様の趣旨で，景表法改正により，適格消費者団体は，表示の裏付けとなる合理的な根拠を示す資料の開示を要請することができるようになった（同法35条）。

（5）情報の公表　　差止請求にかかる判決や訴訟上の和解，訴訟外の和解については，消費者庁と国民生活センターによる公表がなされる（消契法39条）。2022年の消費者契約法改正により，適格消費者団体は，差止請求によって義務を負う事業者に対し，講じた措置の内容の開示を求められるようになった（同法12条の5）。

（6）運用実績　　適格消費者団体による差止請求は，2006年の制度開始から2023年3月31日までに966件行われ，85件の差止請求訴訟が提起されている（令和5年版消費者白書）。差止請求訴訟に至ることなく，適格消費者団体による改善の申入れによって是正される事案も多い。

最判令和4年12月12日（判例タイムズ1507号41頁）は，家賃債務保証事業者の「家賃等を3ヶ月分以上滞納したら無催告で現契約を解除できる」「家賃を2ヶ月以上滞納する等したら賃借物件を明け渡したとみなされる」との条項は，消費者契約法10条に該当するとして，本条項を含む契約の差止めと本条項が記載された契約書用紙の破棄を認めた。東京高判令和2年11月5日は，オンラインゲームを含むポータルサイトの会員規約の「事業者の措置により会員に損害が生じても事業者は一切損害を賠償しない」との条項は，同法8条1項に該当するとして，上記条項を含む契約の差止めと従業員への指示を認めた。その他，インターネット接続サービス契約における最低利用期間内に解約があった場合の違約金徴収条項，専門学校の在学契約について解除時期にかかわらず授業料等を一切返還しないとす

る条項，予備校の入校契約を解除した場合に既払の年間授業料を一切返金しないとする条項，冠婚葬祭サービス契約における中途解約時の返戻金から高額な手数料を差し引くとする条項などの差止請求が認められている（消費者庁「適格消費者団体による差止請求事例集」）。

消費者裁判手続特例法　2013年12月，消費者裁判手続特例法が成立し，2016年10月1日に施行された。これにより，個々の消費者による権利行使ではなく，消費者に代わって消費者団体が多数の消費者の請求を集めて手続を行い，請求額を確定して配分する集団訴訟が実現した。その特徴は，手続を二段階に分け，一段階目（共通義務確認訴訟）で事業者が消費者に責任を負うかを判断し，二段階目（対象債権の確定手続）で事業者が誰にいくら支払うかを確定するという仕組みである（**図表10-1**）。

　2022年には，手続の利用促進を目的とした改正が行われ，対象事案に一定の慰謝料を追加する等の改正が行われた（これに伴い，法律の名称の「財産的被害」も「財産的被害等」に改められた。）。

　(1)　提訴権者　　適格消費者団体のうち，内閣総理大臣が被害回復裁判手続の追行に必要な適格性を有すると認定した「特定適格消費者団体」である（2条10号，71条）。

　2023年8月現在，全国で4つの特定適格消費者団体が認定されている（消費者庁ウェブサイト）。

　(2)　訴訟要件　　共通義務確認訴訟に特有の訴訟要件として，共通性，多数性，支配性の3つがある。

　「共通性」は，事業者に対する請求を基礎づける事実関係がその主要部分において共通で，その基本的な法的根拠が共通であること（2条4号。消費者庁消費者裁判手続特例法Q&A（以下Q&A）17頁）。「多数性」は，消費者被害の特徴や審理の効率性の観点を踏まえ，本制度を用いて被害回復を図ることが相当かどうかを事案に即して

図表10‑1　集団的消費者被害救済手続の流れ

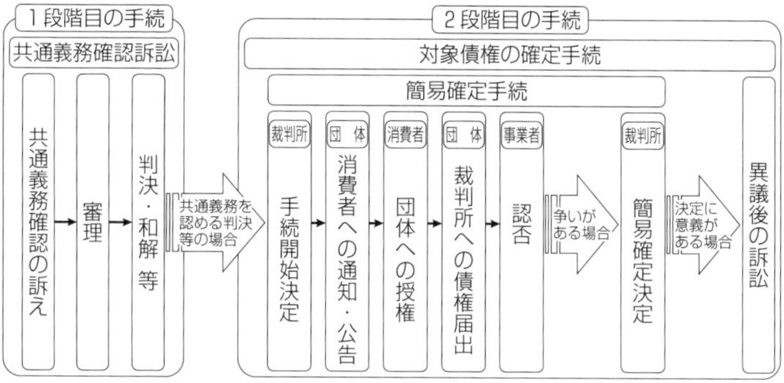

（出典）　最高裁判所ウェブサイト。

判断する。一般的な事案では，数十人程度であればよい（2条4号。Q&A16頁）。「支配性」を欠く場合とは，二段階目の簡易確定手続で対象債権の存否及び内容を適切かつ迅速に判断することが困難であると認められる場合であり（3条4項），訴えの全部又は一部を却下することができる。

　（3）　対象事案　　対象となるのは，消費者契約に関する①契約上の債務の履行の請求，②不当利得にかかる請求，③契約上の債務の不履行による損害賠償の請求，④不法行為に基づく民法の規定による損害賠償の請求，⑤故意・重過失の事業者・事業監督者・被用者に対する使用者責任に基づく損害賠償の請求である（3条1項1～5号。⑤は2022年改正で追加された）。いずれも金銭請求に限る。また，③と④のうち拡大損害，逸失利益，人身損害は除外される（同条2項1～5号）。2022年の改正により，基礎的事実関係が共通で，財産的損害と併せて請求される場合もしくは故意による場合には，慰謝料の請求も可能となった（同項6号）。

　（4）　被告の範囲　　消費者契約の相手方である事業者（3条3項1号）が被告となるが，対象事案が上記④の場合には履行補助者と

契約締結補助者（勧誘等を行う事業者）も含まれる（同項2号）。さらに，2022年改正により，対象事案が上記⑤の場合の使用者が加えられた（同項2号）。

(5)　共通義務確認訴訟（一段階目）　　適格消費者団体は，事業者に対する共通義務確認の訴えを提起する。ここでは，民事訴訟法が適用され，裁判所は，事業者が消費者に対して金銭支払義務を負うべきこととなる共通の事実上および法律上の原因があるかを判断する。

和解について，制定当時は，訴訟の対象である共通義務の存否について和解することしかできなかった（改正前10条）。しかし，これでは，特定適格消費者団体は，和解をしても二段階目の手続に進まざるを得ない。そこで，この負担を解消するため，2022年の改正により，共通義務の存否にかかわらず和解をすることが可能になった（11条）。具体的には，共通義務の存否について明らかにせず解決金を支払う旨の和解，金銭を支払う以外の和解（契約期間の延長や料金の割引など），事業者が対象消費者全体に支払う金額の総額を定める和解，事業者が消費者へ直接和解金を支払う和解などが想定されている（「消費者裁判手続特例法等に関する検討会」報告書（2021年3月）17頁以下，山本和彦著「解説消費者裁判手続特例法（第3版）」216頁以下）。

(6)　対象債権の確定手続（二段階目）　　対象債権の確定手続は，簡易確定手続と異議後の訴訟に分かれる。

特定適格消費者団体は，共通義務確認判決の確定後4ヶ月以内に簡易確定手続開始の申立てを行わなければならない（15条，16条）。裁判所が簡易確定手続開始決定を行うと（20条1項），裁判所による官報への公告のほか（23条1項），申立団体は公告（26条）および知れている消費者への通知（27条）を行う。事業者も，申立団体の求めに応じて知れている消費者への通知（28条）およびインターネッ

ト等で公表するほか（29条），申立団体に顧客リスト等を開示する義務（31条）や，裁判所による情報開示命令の制度もある（32条）。

特定適格消費者団体は，消費者からの授権を受けて（34条），裁判所に対する債権届出を行う（33条）。これに対し，事業者は認否を行い（45条1項），事業者が認めた債権および申立団体が認否を争わない債権は確定する（45条3項，50条1項）。申立団体が認否を争う債権について，裁判所は簡易確定決定を行い（47条），この決定に不服のある申立団体，消費者，事業者は異議を申し立てることができる（49条1項，2項）。異議の申立てがあると訴えの提起があったものとみなされ（56条），異議後の訴訟は通常の訴訟手続により審理判断される。

特定適格消費者団体は，仮差押命令の申立てができ（61条），事業者による財産の隠匿・散逸等を防ぐことができる。また，2022年の改正により，特定適格消費者団体の活動を支援する「消費者団体訴訟等支援法人」の制度が導入された（98条〜113条）。

（7）運用実績　2020年3月，最初の共通義務確認訴訟の判決が言い渡された。東京医科大学の医学部入学試験において，受験生の性別や高校卒業年からの経過年数等に応じて得点調整を行っていた事案に関して，東京地方裁判所は入学検定料相当額等の支払義務を認めた（東京地判令和2年3月6日判時2520号39頁）。この事案については，2021年7月，対象債権の確定手続において和解が成立し，被害回復が完了した。

この他，2023年8月時点で義務確認判決が確定しているのは，順天堂大学の上記と同様の事件（義務確認訴訟判決（東京地判令和3年9月17日），対象債権の確定手続において和解し完了），給与ファクタリングに関する事案（さいたま地判令和3年2月26日。被告不出頭）の2件である。

「新・消費者法 これだけは」 資 料 編

資料① 消費生活相談—2022年度の傾向

▼消費生活相談の年度別総件数の推移

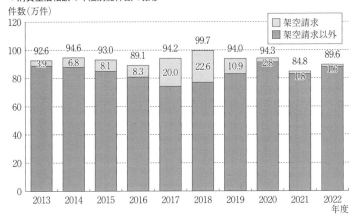

（注）　架空請求の件数は2000年度以降集計している。
（出典）　国民生活センター「2022年度全国の消費生活相談の状況― PIO-NET より―」図1。

▼年度別にみた契約当事者年代別割合

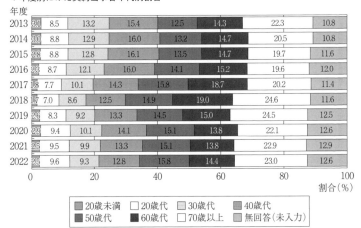

（注）　割合は各年度の総件数を100として算出し，小数点以下第2位を四捨五入した値である。
（出典）　国民生活センター「2022年度全国の消費生活相談の状況― PIO-NET より―」図2。

▼年度別にみた販売購入形態別相談件数・割合

上段：件数　下段：割合（％）

販売購入形態／年度	店舗購入	店舗外販売							合計	年度別総件数
		訪問販売	通信販売	マルチ取引	電話勧誘販売	ネガティブ・オプション	訪問購入	その他無店舗販売		
2013	275,627 (29.8)	89,139 (9.6)	279,245 (30.2)	9,599 (1.0)	100,589 (10.9)	7,298 (0.8)	7,159 (0.8)	8,043 (0.9)	501,072 (54.1)	925,843 (100.0)
2014	267,646 (28.3)	87,582 (9.3)	318,252 (33.6)	11,127 (1.2)	89,956 (9.5)	2,818 (0.3)	7,820 (0.8)	7,798 (0.8)	525,353 (55.5)	946,239 (100.0)
2015	262,415 (28.2)	85,203 (9.2)	324,254 (34.9)	11,544 (1.2)	79,761 (8.6)	2,772 (0.3)	8,600 (0.9)	7,007 (0.8)	519,141 (55.8)	929,994 (100.0)
2016	242,727 (27.3)	80,989 (9.1)	325,582 (36.6)	11,401 (1.3)	68,975 (7.7)	3,041 (0.3)	8,611 (1.0)	6,605 (0.7)	505,204 (56.7)	890,733 (100.0)
2017	227,694 (24.2)	78,178 (8.3)	317,315 (33.7)	12,010 (1.3)	58,075 (6.2)	2,939 (0.3)	8,377 (0.9)	6,296 (0.7)	483,190 (51.3)	941,569 (100.0)
2018	216,630 (21.7)	77,117 (7.7)	297,800 (29.9)	10,631 (1.1)	60,214 (6.0)	2,732 (0.3)	6,603 (0.7)	6,046 (0.6)	461,143 (46.3)	996,816 (100.0)
2019	212,379 (22.6)	79,459 (8.5)	308,736 (32.9)	11,745 (1.2)	57,118 (6.1)	3,087 (0.3)	5,220 (0.6)	6,307 (0.7)	471,672 (50.2)	939,645 (100.0)
2020	197,122 (20.9)	75,976 (8.1)	373,959 (39.7)	10,204 (1.1)	48,494 (5.1)	6,692 (0.7)	6,018 (0.6)	5,289 (0.6)	526,632 (55.9)	942,624 (100.0)
2021	179,790 (21.2)	78,211 (9.2)	326,502 (38.5)	8,834 (1.0)	45,627 (5.4)	3,815 (0.4)	6,922 (0.8)	5,188 (0.6)	475,099 (56.0)	847,866 (100.0)
2022	192,237 (21.5)	69,741 (7.8)	364,048 (40.6)	6,820 (0.8)	43,292 (4.8)	3,703 (0.4)	7,696 (0.9)	5,323 (0.6)	500,623 (55.9)	895,606 (100.0)

（注1）表中の割合は年度別総件数を100として算出し、小数点以下第2位を四捨五入した値である。「不明・無関係」を除いているため、「店舗購入」と「店舗外販売」の割合を合わせても100にならない。

（注2）「店舗外販売」を除いた、販売購入形態のうち「不明・無関係」を除いた。「店舗購入」と「不明・無関係」を除いた。「電話勧誘販売」「ネガティブ・オプション」「訪問購入」「その他無店舗販売」の形態。引「訪問販売」には、「家庭訪販」「アポイントメントセールス」「SF商法」「キャッチセールス」などが含まれる。

（注3）国民生活センター「2022年度全国の消費生活相談の状況─PIO-NET より」表3。

（出典）国民生活センター「2022年度全国の消費生活相談の状況─PIO-NET より」表3。

▼商品・役務等別にみた相談等の特徴（2022年度、上位10位）

順位	商品・役務等	平均年齢	件数	契約当事者の年代等（％）	契約当事者の職業等（％）	平均契約購入金額（円）／平均既払金額（円）	主な販売購入形態（％）	主な相談内容等（相談内容は複数回答項目である）
1	商品一般	59.6	80,587	20歳未満 (1.3)、20歳代 (5.0)、30歳代 (5.5)、40歳代 (9.7)、50歳代 (13.9)、60歳代 (29.6)、70歳以上 (15.9)、無回答（未入力）(19.1)	給与生活者 (30.6)、自営・自由業 (4.5)、家事従事者 (11.2)、学生 (1.9)、企業等 (30.0)、無職 (20.4)、不明・無回答 (1.5)	710,920 ／ 148,043	通信販売 (28.1) ／ 店舗購入 (4.8)	①ショートメッセージ、②迷惑メール、③信用性、④インターネット通販、⑤クレジットカード、⑥個人情報、⑦詐欺、⑧フィッシング、⑨不当請求、⑩架空請求
2	化粧品	57.1	79,793	20歳未満 (3.1)、20歳代 (2.7)、30歳代 (4.6)、40歳代 (14.1)、50歳代 (20.9)、60歳代 (23.9)、70歳以上 (25.4)、無回答（未入力）(5.4)	給与生活者 (45.5)、自営・自由業 (5.2)、家事従事者 (17.6)、学生 (3.2)、企業等 (0.1)、無職 (20.3)、不明・無回答 (8.1)	22,481 ／ 8,402	通信販売 (94.4) ／ 電話勧誘販売 (1.2)	①定期購入、②インターネット通販、③解約、④電子広告、⑤連絡不能、⑥後払い決済、⑦返品、⑧SNS、⑨高価格・料金、⑩契約書・書面
3	賃貸アパート・マンション	43.4	31,657	20歳未満 (0.9)、20歳代 (18.6)、30歳代 (21.3)、40歳代 (16.3)、50歳代 (13.8)、60歳代 (7.6)、70歳以上 (7.8)、無回答（未入力）(13.8)	給与生活者 (56.0)、自営・自由業 (4.9)、家事従事者 (4.2)、学生 (11.4)、企業等 (2.0)、無職 (18.3)、不明・無回答	326,827 ／ 88,397	店舗購入 (62.3) ／ 通信販売 (1.2)	①修理代、②解約、③契約書・書面、④高価格・料金、⑤保証金等、⑥クレーム処理、⑦説明不足、⑧返金、⑨不当請求、⑩返金
4	健康食品	58.7	30,615	20歳未満 (5.0)、20歳代 (3.9)、30歳代 (5.7)、40歳代 (12.0)、50歳代 (18.4)、60歳代 (30.7)、70歳以上 (16.5)、無回答（未入力）(7.9)	給与生活者 (34.8)、自営・自由業 (4.5)、家事従事者 (12.7)、学生 (10.4)、企業等 (0.1)、無職 (32.6)、不明・無回答	48,943 ／ 33,560	通信販売 (79.7) ／ 電話勧誘販売 (6.3)	①定期購入、②インターネット通販、③解約、④電子広告、⑤連絡不能、⑥後払い決済、⑦返品、⑧SNS、⑨高価格、⑩返品
5	エステティックサービス	28.3	22,284	20歳未満 (7.1)、20歳代 (60.1)、30歳代 (16.7)、40歳代 (8.1)、50歳代 (3.7)、60歳代 (0.2)、70歳以上 (0.8)、無回答（未入力）(3.4)	給与生活者 (70.0)、自営・自由業 (1.9)、家事従事者 (4.1)、学生 (15.5)、企業等 (0.0)、無職 (3.7)、不明・無回答	355,873 ／ 198,520	店舗購入 (92.5) ／ 通信販売 (1.1)	①解約、②連絡不能、③返金、④倒産、⑤契約未履行、⑥契約書・書面、⑦高価格・料金、⑧クレジットカード、⑨ショートメッセージ、⑩クーリング・オフ
6	移動通信サービス	56.8	20,712	20歳未満 (1.6)、20歳代 (7.6)、30歳代 (8.2)、40歳代 (12.2)、50歳代 (15.8)、60歳代 (28.3)、70歳以上 (14.5)、無回答（未入力）(11.7)	給与生活者 (35.1)、自営・自由業 (5.6)、家事従事者 (9.3)、学生 (13.5)、企業等 (1.1)、無職 (33.1)、不明・無回答	89,459 ／ 29,054	店舗購入 (49.6) ／ 通信販売 (15.1)	①解約、②説明不足、③高価格・料金、④クレーム処理、⑤契約書・書面、⑥返品・返金、⑦サービス、⑧ショートメッセージ、⑨不当請求、⑩インターネット通販

No.	品目		販売購入形態（％）		契約当事者の属性（％）	主な相談内容（％）
7	他の役務サービス	55.7	通信販売 370,057 (42.1)／電話勧誘販売 235,571 (19.3)		20歳未満 (1.4)、20歳代 (12.5)、30歳代 (8.2)、40歳代 (9.3)、50歳代 (11.9)、60歳代 (13.6)、70歳以上 (28.6)、無回答（未入力）(14.6)／給与生活者 (34.0)、自営・自由業 (8.1)、家事従事者 (8.6)、学生 (3.4)／無職 (29.5)、企業等 (7.0)、不明・無回答（未入力）(9.3)	①解約、②インターネット通販、③電話勧誘、④返金、⑤電子広告、⑥高価格・料金、⑦信用性、⑧虚偽広告、⑨詐欺、⑩契約書・書面
8	フリーローン・サラ金	51.6	店舗購入 2,199,759 (39.9)／通信販売 289,298 (5.8)		20歳未満 (0.3)、20歳代 (12.7)、30歳代 (11.3)、40歳代 (14.3)、50歳代 (17.2)、60歳代 (14.9)、70歳以上 (16.9)、無回答（未入力）(12.3)／給与生活者 (44.9)、自営・自由業 (4.5)、家事従事者 (3.6)、学生 (0.8)／無職 (33.9)、企業等 (0.5)、不明・無回答（未入力）(11.8)	①多重債務、②契約書・書面、③クレジットカード、④金利・利息、⑤自己破産、⑥時効、⑦債権回収業者、⑧銀行、⑨心身障害者関連、⑩信用性
9	紳士・婦人服	47.4	通信販売 26,135 (85.9)／店舗購入 16,150 (7.7)		20歳未満 (4.0)、20歳代 (10.5)、30歳代 (13.6)、40歳代 (21.2)、50歳代、60歳代 (21.2)、70歳以上 (7.8)、無回答（未入力）／給与生活者 (52.0)、自営・自由業 (5.4)、家事従事者 (13.7)、学生 (5.8)／無職 (12.8)、企業等 (0.5)、不明・無回答（未入力）(9.7)	①インターネット通販、②電子広告、③返金、④解約、⑤連絡不能、⑥返品、⑦商品未着、⑧SNS、⑨代引配達、⑩詐欺
10	インターネット接続回線	57.4	電話勧誘販売 49,598 (34.2)／訪問販売 18,688 (16.6)		20歳未満 (0.5)、20歳代 (6.2)、30歳代 (9.2)、40歳代 (12.2)、50歳代 (15.5)、60歳代 (16.6)、70歳以上 (26.5)、無回答（未入力）(13.3)／給与生活者 (39.1)、自営・自由業 (8.7)、家事従事者 (7.8)、学生 (10.0)／無職 (29.1)、企業等 (4.0)、不明・無回答（未入力）(10.0)	①解約、②電話勧誘、③契約解除料、④説明不足、⑤契約書・書面、⑥家庭訪問、⑦経済活性、⑧連絡不能、⑨虚偽説明、⑩信用性

（注1）「他の相談」に属する項目は集計対象から除いている。

（注2）「訪問販売」には「家庭訪販」「アポイントメントセールス」「SF商法」「キャッチセールス」などが含まれる。

（注3）平均契約購入金額と平均既支払金額は小数点以下第1位を四捨五入した値である。

（注4）主な相談内容等は上位10位を記載している。

（出典）国民生活センター「2022年度全国の消費生活相談の状況―PIO-NETより―」表8。

資料②　クーリング・オフ通知の記載例

・　クーリング・オフの通知は自分で書くことができます。書き方や手続方法がわからないときは，すぐに消費者センターへ相談しましょう。

▼クレジット契約をしていない場合

1　クーリング．オフの手続きは，必ず書面または電磁的記録により通知します。*1
2　はがきに書く場合は両面のコピーをとり，「特定記録郵便*2」など記録の残る方法で送付しましょう。電磁的記録により通知する場合は，送信メールを保存するなど，クーリング・オフ期間に通知した記録を残しておきましょう。

◎　クレジット契約をしていない場合は，販売会社*3 のみに通知します。

〈はがき〉

通知書

次の契約を解除します。

契約年月日　　○○○○年○月○日

商品名　　　　○○○○

契約金額　　　○○○○○○円

販売会社　　　株式会社 ×××　□□営業所

　　　　　　　　　　　　　　担当者△△△△

支払った代金○○○○円を返金し，
商品を引き取ってください。*4

　　　　○○○○年○月○日

　　　　　　　　　○○県○市○町○丁目○番○号

　　　　　　　　　　　　氏名　○○○○

＊1　特定商取引法，割賦販売法による。
＊2　特定記録郵便は郵便物を差し出した記録が残る。郵便局窓口での手続が必要。
＊3　代表者宛に通知する。宛名は「株式会社×××代表者様」でよい。
＊4　商品引き取り費用は事業者負担。
（出典）　国民生活センター「2024年度版くらしの豆知識」，73頁から作成。

▼クレジット契約をしている場合

◎　クレジット契約をしている場合は，クレジット会社に通知すれば通知を受けた
　クレジット会社が，販売会社等に連絡することになっていますが，念のため販売
　会社とクレジット会社へ同時に連絡します。クレジット会社への通知について
　は，電磁的方法は認められていないため，書面で行います。

〈はがき〉

通知書

次の契約を解除します。

契約年月日　　○○○○年○月○日
商品名　　　　○○○○
契約金額　　　○○○○○○円
販売会社　　　株式会社 ×××　□□営業所
　　　　　　　　　　　　　　担当者△△△△
クレジット会社　　　△△△株式会社

○○○○年○月○日

○○県○市○町○丁目○番○号
氏名　○○○○

（出典）　国民生活センター「2024年度版くらしの豆知識」，73頁から作成。

資料③　特定継続的役務提供の指定関連商品一覧

エステティックサロン	＊いわゆる「健康食品」（動物および植物の加工品であって人が摂取するもの（一般の飲食の用に供されないものに限定，医薬品を除く）），＊化粧品，石けん（医薬品を除く）および浴用剤，＊下着，＊いわゆる「美顔器」「脱毛器」（電気による刺激または電磁波もしくは超音波を用いて人の皮膚を清潔にしまたは美化する器具または装置）
美容医療	＊いわゆる「健康食品」（動物および植物の加工品であって人が摂取するもの（一般の飲食の用に供されないものに限る）），＊化粧品，＊マウスピース（歯牙の漂白のために用いられるものに限る）および歯牙の漂白剤，＊医療品および医薬部外品（医薬品医療機器等法2条2項の医薬部外品をいう）であって美容を目的とするもの
外国語会話教室 家庭教師 学習塾	＊書籍，＊いわゆる「学習用ソフト」（電子的方法，磁気的方法等により音，映像またはプログラムを記録した物），＊ファクシミリ装置およびテレビ電話装置
パソコン教室	＊パソコンおよびワープロならびにこれらの部品，付属品，＊書籍，＊音，映像またはプログラムを記録したFD，CD，DVDなど（電子的方法，磁気的方法等により音，映像またはプログラムを記録した物）
結婚相手紹介サービス	＊真珠，貴石，半貴石，＊指輪その他の装身具

（参照）　消費者庁「特定商取引法ガイド　特定継続的役務提供」（https://www.no-trouble. caa.go.jp/what/continuousservices/）。

【消費者基本法】

第一章　総　則

（目的）

第一条　この法律は，消費者と事業者との間の情報の質及び量並びに交渉力等の格差にかんがみ，消費者の利益の擁護及び増進に関し，消費者の権利の尊重及びその自立の支援その他の基本理念を定め，国，地方公共団体及び事業者の責務等を明らかにするとともに，その施策の基本となる事項を定めることにより，消費者の利益の擁護及び増進に関する総合的な施策の推進を図り，もつて国民の消費生活の安定及び向上を確保することを目的とする。

（基本理念）

第二条　消費者の利益の擁護及び増進に関する総合的な施策（以下「消費者政策」という。）の推進は，国民の消費生活における基本的な需要が満たされ，その健全な生活環境が確保される中で，消費者の安全が確保され，商品及び役務について消費者の自主的かつ合理的な選択の機会が確保され，消費者に対し必要な情報及び教育の機会が提供され，消費者の意見が消費者政策に反映され，並びに消費者に被害が生じた場合には適切かつ迅速に救済されることが消費者の権利であることを尊重するとともに，消費者が自らの利益の擁護及び増進のため自主的かつ合理的に行動することができるよう消費者の自立を支援することを基本として行われなければならない。

2　消費者の自立の支援に当たつては，消費者の安全の確保等に関して事業者による適正な事業活動の確保が図られるとともに，消費者の年齢その他の特性に配慮されなければならない。

3　消費者政策の推進は，高度情報通信社会の進展に的確に対応することに配慮して行われなければならない。

4　消費者政策の推進は，消費生活における国際化の進展にかんがみ，国際的な連携を確保しつつ行われなければならない。

5　消費者政策の推進は，環境の保全に配慮して行われなければならない。

（国の責務）

第三条　国は，経済社会の発展に即応して，前条の消費者の権利の尊重及びその自立の支援その他の基本理念にのつとり，消費者政策を推進する責務を有する。

（地方公共団体の責務）

第四条　地方公共団体は，第二条の消費者の権利の尊重及びその自立の支援その他の基本理念にのつとり，国の施策に準じて施策を講ずるとともに，当該地域の社会的，経済的状況に応じた消費者政策を推進する責務を有する。

（事業者の責務等）

第五条　事業者は，第二条の消費者の権利の尊重及びその自立の支援その他の

基本理念にかんがみ，その供給する商品及び役務について，次に掲げる責務を有する。

　　一　消費者の安全及び消費者との取引における公正を確保すること。

　　二　消費者に対し必要な情報を明確かつ平易に提供すること。

　　三　消費者との取引に際して，消費者の知識，経験及び財産の状況等に配慮すること。

　　四　消費者との間に生じた苦情を適切かつ迅速に処理するために必要な体制の整備等に努め，当該苦情を適切に処理すること。

　　五　国又は地方公共団体が実施する消費者政策に協力すること。

　2　事業者は，その供給する商品及び役務に関し環境の保全に配慮するとともに，当該商品及び役務について品質等を向上させ，その事業活動に関し自らが遵守すべき基準を作成すること等により消費者の信頼を確保するよう努めなければならない。

第六条　事業者団体は，事業者の自主的な取組を尊重しつつ，事業者と消費者との間に生じた苦情の処理の体制の整備，事業者自らがその事業活動に関し遵守すべき基準の作成の支援その他の消費者の信頼を確保するための自主的な活動に努めるものとする。

第七条　消費者は，自ら進んで，その消費生活に関して，必要な知識を修得し，及び必要な情報を収集する等自主的かつ合理的に行動するよう努めなければならない。

　2　消費者は，消費生活に関し，環境の保全及び知的財産権等の適正な保護に配慮するよう努めなければならない。

第八条　消費者団体は，消費生活に関する情報の収集及び提供並びに意見の表明，消費者に対する啓発及び教育，消費者の被害の防止及び救済のための活動その他の消費者の消費生活の安定及び向上を図るための健全かつ自主的な活動に努めるものとする。

（消費者基本計画）

第九条　政府は，消費者政策の計画的な推進を図るため，消費者政策の推進に関する基本的な計画（以下「消費者基本計画」という。）を定めなければならない。

　2　消費者基本計画は，次に掲げる事項について定めるものとする。

　　一　長期的に講ずべき消費者政策の大綱

　　二　前号に掲げるもののほか，消費者政策の計画的な推進を図るために必要な事項

　3　内閣総理大臣は，消費者基本計画の案につき閣議の決定を求めなければならない。

　4　内閣総理大臣は，前項の規定による閣議の決定があつたときは，遅滞なく，消費者基本計画を公表しなければならない。

　5　前二項の規定は，消費者基本計画の変更について準用する。

（法制上の措置等）

第十条 国は，この法律の目的を達成するため，必要な関係法令の制定又は改正を行なわなければならない。

2 政府は，この法律の目的を達成するため，必要な財政上の措置を講じなければならない。

第二章 基本的施策

（年次報告）

第十条の二 政府は，毎年，国会に，政府が講じた消費者政策の実施の状況に関する報告書を提出しなければならない。

（安全の確保）

第十一条 国は，国民の消費生活における安全を確保するため，商品及び役務についての必要な基準の整備及び確保，安全を害するおそれがある商品の事業者による回収の促進，安全を害するおそれがある商品及び役務に関する情報の収集及び提供等必要な施策を講ずるものとする。

（消費者契約の適正化等）

第十二条 国は，消費者と事業者との間の適正な取引を確保するため，消費者との間の契約の締結に際しての事業者による情報提供及び勧誘の適正化，公正な契約条項の確保等必要な施策を講ずるものとする。

（計量の適正化）

第十三条 国は，消費者が事業者との間の取引に際し計量につき不利益をこうむることがないようにするため，商品及び役務について適正な計量の実施の確保を図るために必要な施策を講ずるものとする。

（規格の適正化）

第十四条 国は，商品の品質の改善及び国民の消費生活の合理化に寄与するため，商品及び役務について，適正な規格を整備し，その普及を図る等必要な施策を講ずるものとする。

2 前項の規定による規格の整備は，技術の進歩，消費生活の向上等に応じて行なうものとする。

（広告その他の表示の適正化等）

第十五条 国は，消費者が商品の購入若しくは使用又は役務の利用に際しその選択等を誤ることがないようにするため，商品及び役務について，品質等に関する広告その他の表示に関する制度を整備し，虚偽又は誇大な広告その他の表示を規制する等必要な施策を講ずるものとする。

（公正自由な競争の促進等）

第十六条 国は，商品及び役務について消費者の自主的かつ合理的な選択の機会の拡大を図るため，公正かつ自由な競争を促進するために必要な施策を講ずるものとする。

2 国は，国民の消費生活において重要度の高い商品及び役務の価格等であつてその形成につき決定，認可その他の国の措置が必要とされるものについては，

これらの措置を講ずるに当たり，消費者に与える影響を十分に考慮するよう努めるものとする。

（啓発活動及び教育の推進）

第十七条 国は，消費者の自立を支援するため，消費生活に関する知識の普及及び情報の提供等消費者に対する啓発活動を推進するとともに，消費者が生涯にわたつて消費生活について学習する機会があまねく求められている状況にかんがみ，学校，地域，家庭，職域その他の様々な場を通じて消費生活に関する教育を充実する等必要な施策を講ずるものとする。

2 地方公共団体は，前項の国の施策に準じて，当該地域の社会的，経済的状況に応じた施策を講ずるよう努めなければならない。

（意見の反映及び透明性の確保）

第十八条 国は，適正な消費者政策の推進に資するため，消費生活に関する消費者等の意見を施策に反映し，当該施策の策定の過程の透明性を確保するための制度を整備する等必要な施策を講ずるものとする。

（苦情処理及び紛争解決の促進）

第十九条 地方公共団体は，商品及び役務に関し事業者と消費者との間に生じた苦情が専門的知見に基づいて適切かつ迅速に処理されるようにするため，苦情の処理のあつせん等に努めなければならない。この場合において，都道府県は，市町村（特別区を含む。）との連携を図りつつ，主として高度の専門性又は広域の見地への配慮を必要とする苦情の処理のあつせん等を行うものとするとともに，多様な苦情に柔軟かつ弾力的に対応するよう努めなければならない。

2 国及び都道府県は，商品及び役務に関し事業者と消費者との間に生じた苦情が専門的知見に基づいて適切かつ迅速に処理されるようにするため，人材の確保及び資質の向上その他の必要な施策（都道府県にあつては，前項に規定するものを除く。）を講ずるよう努めなければならない。

3 国及び都道府県は，商品及び役務に関し事業者と消費者との間に生じた紛争が専門的知見に基づいて適切かつ迅速に解決されるようにするために必要な施策を講ずるよう努めなければならない。

（高度情報通信社会の進展への的確な対応）

第二十条 国は，消費者の年齢その他の特性に配慮しつつ，消費者と事業者との間の適正な取引の確保，消費者に対する啓発活動及び教育の推進，苦情処理及び紛争解決の促進等に当たつて高度情報通信社会の進展に的確に対応するために必要な施策を講ずるものとする。

（国際的な連携の確保）

第二十一条 国は，消費生活における国際化の進展に的確に対応するため，国民の消費生活における安全及び消費者と事業者との間の適正な取引の確保，苦情処理及び紛争解決の促進等に当たつて国際的な連携を確保する等必要な施策を講ずるものとする。

（環境の保全への配慮）

第二十二条　国は，商品又は役務の品質等に関する広告その他の表示の適正化等，消費者に対する啓発活動及び教育の推進等に当たつて環境の保全に配慮するために必要な施策を講ずるものとする。

（試験，検査等の施設の整備等）

第二十三条　国は，消費者政策の実効を確保するため，商品の試験，検査等を行う施設を整備し，役務についての調査研究等を行うとともに，必要に応じて試験，検査，調査研究等の結果を公表する等必要な施策を講ずるものとする。

　　第三章　行政機関等

（行政組織の整備及び行政運営の改善）

第二十四条　国及び地方公共団体は，消費者政策の推進につき，総合的見地に立つた行政組織の整備及び行政運営の改善に努めなければならない。

（国民生活センターの役割）

第二十五条　独立行政法人国民生活センターは，国及び地方公共団体の関係機関，消費者団体等と連携し，国民の消費生活に関する情報の収集及び提供，事業者と消費者との間に生じた苦情の処理のあつせん及び当該苦情に係る相談，事業者と消費者との間に生じた紛争の合意による解決，消費者からの苦情等に関する商品についての試験，検査等及び役務についての調査研究等，消費者に対する啓発及び教育等における中核的な機関として積極的な役割を果たすものとする。

（消費者団体の自主的な活動の促進）

第二十六条　国は，国民の消費生活の安定及び向上を図るため，消費者団体の健全かつ自主的な活動が促進されるよう必要な施策を講ずるものとする。

　　第四章　消費者政策会議等

（消費者政策会議）

第二十七条　内閣府に，消費者政策会議（以下「会議」という。）を置く。

2　会議は，次に掲げる事務をつかさどる。

　一　消費者基本計画の案を作成すること。

　二　前号に掲げるもののほか，消費者政策の推進に関する基本的事項の企画に関して審議するとともに，消費者政策の実施を推進し，並びにその実施の状況を検証し，評価し，及び監視すること。

3　会議は，次に掲げる場合には，消費者委員会の意見を聴かなければならない。

　一　消費者基本計画の案を作成しようとするとき。

　二　前項第二号の検証，評価及び監視について，それらの結果の取りまとめを行おうとするとき。

第二十八条　会議は，会長及び委員をもつて組織する。

2　会長は，内閣総理大臣をもつて充てる。

3　委員は，次に掲げる者をもつて充てる。

　一　内閣府設置法（平成十一年法律第八十九号）第十一条の二の規定により

置かれた特命担当大臣
　二　内閣官房長官，関係行政機関の長及び内閣府設置法第九条第一項に規定
　　する特命担当大臣（前号の特命担当大臣を除く。）のうちから，内閣総理
　　大臣が指定する者
　4　会議に，幹事を置く。
　5　幹事は，関係行政機関の職員のうちから，内閣総理大臣が任命する。
　6　幹事は，会議の所掌事務について，会長及び委員を助ける。
　7　前各項に定めるもののほか，会議の組織及び運営に関し必要な事項は，政
令で定める。
（消費者委員会）
　第二十九条　消費者政策の推進に関する基本的事項の調査審議については，こ
の法律によるほか，消費者庁及び消費者委員会設置法（平成二十一年法律第四十
八号）第六条の定めるところにより，消費者委員会において行うものとする。

【消費者庁及び消費者委員会設置法（抄）】

　第一章　総　則
（趣旨）
　第一条　この法律は，消費者庁の設置並びに任務及びこれを達成するため必要
となる明確な範囲の所掌事務を定めるとともに，消費者委員会の設置及び組織等
を定めるものとする。

【消費者教育の推進に関する法律（抄）】

（目的）
　第一条　この法律は，消費者教育が，消費者と事業者との間の情報の質及び量
並びに交渉力の格差等に起因する消費者被害を防止するとともに，消費者が自ら
の利益の擁護及び増進のため自主的かつ合理的に行動することができるようその
自立を支援する上で重要であることに鑑み，消費者教育の機会が提供されること
が消費者の権利であることを踏まえ，消費者教育に関し，基本理念を定め，並び
に国及び地方公共団体の責務等を明らかにするとともに，基本方針の策定その他
の消費者教育の推進に関し必要な事項を定めることにより，消費者教育を総合的
かつ一体的に推進し，もって国民の消費生活の安定及び向上に寄与することを目
的とする。

【無限連鎖講の防止に関する法律】

（目的）
　第一条　この法律は，無限連鎖講が，終局において破たんすべき性質のもので

あるのにかかわらずいたずらに関係者の射幸心をあおり，加入者の相当部分の者に経済的な損失を与えるに至るものであることにかんがみ，これに関与する行為を禁止するとともに，その防止に関する調査及び啓もう活動について規定を設けることにより，無限連鎖講がもたらす社会的な害悪を防止することを目的とする。

(定義)

第二条　この法律において「無限連鎖講」とは，金品（財産権を表彰する証券又は証書を含む。以下この条において同じ。）を出えんする加入者が無限に増加するものであるとして，先に加入した者が先順位者，以下これに連鎖して段階的に二以上の倍率をもつて増加する後続の加入者がそれぞれの段階に応じた後順位者となり，順次先順位者が後順位者の出えんする金品から自己の出えんした金品の価額又は数量を上回る価額又は数量の金品を受領することを内容とする金品の配当組織をいう。

(無限連鎖講の禁止)

第三条　何人も，無限連鎖講を開設し，若しくは運営し，無限連鎖講に加入し，若しくは加入することを勧誘し，又はこれらの行為を助長する行為をしてはならない。

(国及び地方公共団体の任務)

第四条　国及び地方公共団体は，無限連鎖講の防止に関する調査及び啓もう活動を行うように努めなければならない。

(罰則)

第五条　無限連鎖講を開設し，又は運営した者は，三年以下の懲役若しくは三百万円以下の罰金に処し，又はこれを併科する。

第六条　業として無限連鎖講に加入することを勧誘した者は，一年以下の懲役又は三十万円以下の罰金に処する。

第七条　無限連鎖講に加入することを勧誘した者は，二十万円以下の罰金に処する。

【貸金業法（抄）】

(目的)

第一条　この法律は，貸金業が我が国の経済社会において果たす役割にかんがみ，貸金業を営む者について登録制度を実施し，その事業に対し必要な規制を行うとともに，貸金業者の組織する団体を認可する制度を設け，その適正な活動を促進するほか，指定信用情報機関の制度を設けることにより，貸金業を営む者の業務の適正な運営の確保及び資金需要者等の利益の保護を図るとともに，国民経済の適切な運営に資することを目的とする。

【消費者安全法（抄）】

(目的)

第一条　この法律は，消費者の消費生活における被害を防止し，その安全を確保するため，内閣総理大臣による基本方針の策定について定めるとともに，都道府県及び市町村による消費生活相談等の事務の実施及び消費生活センターの設置，消費者事故等に関する情報の集約等，消費者安全調査委員会による消費者事故等の調査等の実施，消費者被害の発生又は拡大の防止のための措置その他の措置を講ずることにより，関係法律による措置と相まって，消費者が安心して安全で豊かな消費生活を営むことができる社会の実現に寄与することを目的とする。

【消費生活用製品安全法（抄）】

(目的)

第一条　この法律は，消費生活用製品による一般消費者の生命又は身体に対する危害の防止を図るため，特定製品の製造及び販売を規制するとともに，特定保守製品の適切な保守を促進し，併せて製品事故に関する情報の収集及び提供等の措置を講じ，もつて一般消費者の利益を保護することを目的とする。

【医薬品・医療機器等法（医薬品，医療機器等の品質，有効性及び安全性の確保等に関する法律）（抄）】

(目的)

第一条　この法律は，医薬品，医薬部外品，化粧品，医療機器及び再生医療等製品（以下「医薬品等」という。）の品質，有効性及び安全性の確保並びにこれらの使用による保健衛生上の危害の発生及び拡大の防止のために必要な規制を行うとともに，指定薬物の規制に関する措置を講ずるほか，医療上特にその必要性が高い医薬品，医療機器及び再生医療等製品の研究開発の促進のために必要な措置を講ずることにより，保健衛生の向上を図ることを目的とする。

【食品衛生法（抄）】

(目的)

第一条　この法律は，食品の安全性の確保のために公衆衛生の見地から必要な規制その他の措置を講ずることにより，飲食に起因する衛生上の危害の発生を防止し，もつて国民の健康の保護を図ることを目的とする。

【食品表示法（抄）】

(目的)

第一条 この法律は，食品に関する表示が食品を摂取する際の安全性の確保及び自主的かつ合理的な食品の選択の機会の確保に関し重要な役割を果たしていることに鑑み，販売（不特定又は多数の者に対する販売以外の譲渡を含む。以下同じ。）の用に供する食品に関する表示について，基準の策定その他の必要な事項を定めることにより，その適正を確保し，もって一般消費者の利益の増進を図るとともに，食品衛生法（昭和二十二年法律第二百三十三号），健康増進法（平成十四年法律第百三号）及び農林物資の規格化等に関する法律（昭和二十五年法律第百七十五号）による措置と相まって，国民の健康の保護及び増進並びに食品の生産及び流通の円滑化並びに消費者の需要に即した食品の生産の振興に寄与することを目的とする。

【消費者裁判手続特例法（消費者の財産的被害の集団的な回復のための民事の裁判手続の特例に関する法律）（抄）】

(目的)

第一条 この法律は，消費者契約に関して相当多数の消費者に生じた財産的被害について，消費者と事業者との間の情報の質及び量並びに交渉力の格差により消費者が自らその回復を図ることには困難を伴う場合があることに鑑み，その財産的被害を集団的に回復するため，特定適格消費者団体が被害回復裁判手続を追行することができることとすることにより，消費者の利益の擁護を図り，もって国民生活の安定向上と国民経済の健全な発展に寄与することを目的とする。

参 考 文 献

• •

【教科書等】

伊藤進・村千鶴子・高橋岩和・鈴木深雪『テキストブック消費者法〔第4版〕』（日本評論社，2013年）

大村敦志『消費者法〔第4版〕』（有斐閣，2011年）

後藤巻則・村千鶴子・齋藤雅弘『アクセス消費者法〔第2版〕』（日本評論社，2007年）

後藤巻則・齋藤雅弘・池本誠司『条解消費者三法〔第2版〕——消費者契約法，特定商取引法，割賦販売法』（弘文堂，2021年）

鳥谷部茂・山田延廣 編『消費者法〔第2版〕』（大学教育出版，2010年）

長尾治助・中田邦博・鹿野菜穂子 編『レクチャー消費者法〔第5版〕』（法律文化社，2011年）

中田邦博・鹿野菜穂子 編『基本講義 消費者法〔第5版〕』（日本評論社，2022年）

日本弁護士連合会 編『消費者法講義〔第5版〕』（日本評論社，2018年）

宮下修一・寺川永・松田貴文・牧佐智代・カライスコス アントニオス『消費者法』（有斐閣，2022年）

大澤彩『消費者法』（商法事務，2023年）

【雑 誌】

『現代消費者法』（民事法研究会）

国民生活センター 編『国民生活——消費者問題をよむ・しる・かんがえる』（国民生活センター）

国民生活センター情報部「国民生活研究」編集委員会 編『国民生活研究』（国民生活センター）

『消費者法ニュース』（消費者法ニュース発行会議）

【六 法】

甲斐道太郎・松本恒雄・木村達也 編『消費者六法 2023年版』（民事法研究会，2023年）

【判例集】

河上正二・沖野眞己 編『消費者法判例百選〔第2版〕』(有斐閣, 2020年)

【資　料】

国民生活センター 編『2024年度版くらしの豆知識』(国民生活センター, 2023年)

国民生活センター 編『消費者生活年報2022』(国民生活センターホームページ, 2019年)

消費者庁 編『ハンドブック消費者2014』(消費者庁ホームページ, 2014年)

消費者庁 編『消費者白書 令和元年版』(消費者庁ホームページ, 2019年)

消費者庁「消費者政策・消費者問題の歴史」(消費者教育ポータルサイト, 2023年)

・・・

【第1章】

正田彬『消費者の権利〔新版〕』(岩波新書, 2010年)

内閣府国民生活局 編『21世紀型の消費者政策の在り方』(国立印刷局, 2003年)

森雅子 監修『消費者庁設置関連三法』(第一法規, 2009年)

「特集 消費者庁の設置に向けて」ジュリスト1382号6頁 (2009年)

我妻栄・有泉亨・清水誠・田山輝明『我妻・有泉コンメンタール民法〔第8版〕──総則・物権・債権』(日本評論社, 2022年)

【第2章】

上原敏夫『団体訴訟・クラスアクションの研究』(商事法務研究会, 2001年)

河上正二ほか「消費者契約法──立法への課題」別冊 NBL54 号 (1999年)

消費者契約における不当条項研究会「消費者契約における不当条項の実態分析／消費者契約における不当条項研究会」別冊 NBL92 号 (2004年)

消費者庁消費者制度課 編『逐条解説・消費者契約法〔第4版〕』(商事法務, 2019年)

宗田貴行『団体訴訟の新展開』(慶應義塾大学出版会, 2006年)

日本弁護士連合会消費者問題対策委員会 編『コンメンタール消費者契約法〔第 2 版増補版〕』（商事法務，2015年）

日本弁護士連合会消費者問題対策委員会 編『コンメンタール消費者契約法〔第 2 版増補版〕補巻——2016年・2018年改正』（商事法務，2019年）

森・濱田松本法律事務所 編『消費者契約訴訟——約款関連』（中央経済社，2017年）

【第 3 章】

齋藤雅弘・池本誠司・石戸谷豊『特定商取引法ハンドブック〔第 6 版〕』（日本評論社，2019年）

消費者庁「特定商取引法ガイド」（消費者庁ホームページ，2024年 2 月 7 日アクセス）

消費者庁取引対策課，経済産業省商務・サービスグループ消費経済企画室 編『特定商取引に関する法律の解説 平成28年版』（商事法務，2018年）

圓山茂夫『詳解 特定商取引法の理論と実務〔第 4 版〕』（民事法研究会，2018年）

村千鶴子『Q&A ポイント整理 改正消費者契約法・特定商取引法』（弘文堂，2020年）

【第 4 章】

一般社団法人日本クレジット協会「日本のクレジット統計」（2015年版から2022年版）

阿部芳久・阿部高明『貸金業と過払金の半世紀』（青林書院，2018年）

上柳敏郎・大森泰人『逐条解説 貸金業法』（商事法務，2008年）

宇都宮健児『多重債務被害救済の実務〔第二版〕』（勁草書房，2010年）

梶村太市・石田賢一・西村博一 編『新・割賦販売法』（青林書院，2012年）

経済産業省商務情報政策局取引信用課 編『割賦販売法の解説 平成20年版』（日本クレジット協会，2009年）

全国クレジット・サラ金問題対策協議会 編著『高金利・悪質金融とのたたかい方——サラ金二法改正と最高裁新判例を受けて』（全国クレ

ジット・サラ金問題対策協議会，2004年）

長尾治助『判例クレジット法』（法律文化社，1995年）

長尾治助 監修・弁護士法人みやこ法律事務所 編『新版 判例貸金業規制法』（法律文化社，2005年）

中崎隆『詳解 特定商取引法・割賦販売法』（金融財政事情研究会，2021年）

名古屋消費者信用問題研究会 監修『過払金返還請求・全論点網羅2017』（民事法研究会，2017年）

新里宏二「多重債務問題の最新の状況」国民生活104号5頁（2021年）

日本組織内弁護士協会 監修『Q&Aでわかる業種別法務 キャッシュレス決済』（中央経済社，2022年）

森泉章『新・貸金業規制法』（勁草書房，2003年）

【第5章】

河内隆史ほか編『金融商品取引法の理論・実務・判例』（勁草書房，2019年）

黒沼悦郎『金融商品取引法』（有斐閣，2016年）

黒沼悦郎『金融商品取引法入門〔第7版〕』（日本経済新聞社，2018年）

桜井健夫・上柳敏郎・石戸谷豊『新・金融商品取引法ハンドブック〔第4版〕』（日本評論社，2018年）

桜井健夫『消費者のための金融法講座1 金融商品取引法・金融サービス提供法』（民事法研究会，2023年）

【第6章】

磯村保「インターネット・オークション取引をめぐる契約法上の諸問題」民商法雑誌13巻4号・5号684頁（2006年）

石橋勇輝「『取引デジタルプラットフォーム 消費者保護法』の概要」国民生活116号11頁（2022年）

経済産業省・通信販売の新たな課題に関する研究会「新たな形態の通信販売における取引適正化に向けて」（2005年）

消費者庁取引対策課，経済産業省商務・サービスグループ消費経済企画

室 編『特定商取引に関する法律の解説 平成28年版』（商事法務，
2018年）

東京弁護士会消費者問題特別委員会 編『ネット取引被害の消費者相談
〔第2版〕』（商事法務，2014年）

中山信弘 編『電子商取引に関する準則とその解説 平成18年版』別冊
NBL108号（2006年）

松本恒雄・斎藤雅弘・町村康貴『電子商取引法』（勁草書房，2013年）

【第7章】

伊従寛・矢部丈太郎 編『広告表示規制法』（青林書林，2009年）

大元慎二 編『景品表示法〔第5版〕』（商事法務，2017年）

加藤公司・伊藤健二・内田清人・石井崇・薮内俊輔 編『景品表示法の
法律相談〔改訂版〕』（青林書院，2018年）

白石忠志「景品表示法の構造と要点（連載）」NBL1043号34頁（2015
年）

西川康一 編『景品表示法〔第6版〕』（商事法務，2021年）

波光巖・鈴木恭蔵『実務解説 景品表示法〔第2版〕』（青林書院，2016
年）

波光巖・横田直和・小畑徳彦・高橋省三『Q&A　広告宣伝・景品表示
に関する法律と実務——景品表示法および消費者関係法を踏まえた広
告表現と販売促進活動・キャンペーンに関する実務解説』（日本加除
出版，2020年）

古川昌平『エッセンス景品表示法』（商事法務，2018年）

古川昌平「【景品表示法を知る・学ぶ】第3回〜最終回」国民生活93号
37頁（2020年）〜101号37頁（2021年）

松本恒雄「表示の適正化」『消費者法判例百選〔第2版〕』別冊ジュリス
ト249号（2020年）

【第8章】

伊藤進『製造物責任・消費者保護法制論』（信山社，1998年）

大島義則・森大樹・杉田育子・関口岳史・辻畑泰喬 編『消費者行政法

　　――安全・取引・表示・個人情報保護分野における執行の実務』（勁草書房，2016年）

経済産業省資源エネルギー庁ガス市場整備課・経済産業省原子力安全・保安院ガス安全課・経済産業省商務情報政策局製品安全課 編『ガス事業法の解説』（ぎょうせい，2004年）

経済産業省商務情報政策局消費経済部製品安全課 編『電気用品安全法関係法令集――電気用品安全法関係及び解説〔第5版〕』（日本電気協会，2015年）

経済産業省商務情報政策局製品安全課 編『消費生活用製品安全法逐条解説』（経済産業調査会経済産業情報部，2001年）

塩崎勤・羽成守 編『裁判実務大系第30巻 製造物責任関係訴訟法』（青林書院，1999年）

消費者庁 編「製造物責任（PL）法の逐条解説」（消費者庁ホームページ，2018年）

消費者庁「財産分野の注意喚起（消費者安全法に基づくもの）」各年度（消費者庁ホームページ，2024年2月7日アクセス）

消費者庁「事故情報データバンク」

消費者庁「消費者被害防止に向けた注意喚起」（消費者庁ホームページ，2024年2月7日アクセス）

消費者庁「消費者への注意喚起　ご注意ください（生命・身体分野）」各年度（消費者庁ホームページ，2024年2月7日アクセス）

消費者庁 編「消費者安全調査委員会報告書／経過報告／評価書」（消費者庁ホームページ，2024年2月7日アクセス）

消費者庁 編『消費者白書　令和5年版』（消費者庁ホームページ，2023年，2024年2月7日アクセス）

食品安全法令研究会 編『概説 食品安全基本法』（ぎょうせい，2004年）

食品衛生研究会 監修『早わかり食品衛生法 食品衛生法逐条解説〔第6版〕』（日本食品衛生協会，2018年）

瀬川信久「消費社会の構造と製造物責任法」岩村正彦ほか 編『岩波講座現代の法第13巻 消費生活と法』（岩波書店，1997年）

通商産業省環境立地局液化石油ガス保安対策室 監修『ポイント解説・

新液石法 改正「液化石油ガスの保安の確保及び取引の適正化に関する法律」の解説』（通産資料調査会，1997年）

土庫澄子『逐条講義製造物責任法——基本的考え方と裁判例〔第2版〕』（勁草書房，2018年）

日本弁護士連合会消費者問題対策委員会 編『キーワード式消費者法事典〔第2版〕』（民事法研究会，2015年）

南雅晴・佐川聡洋・白石裕美子・松田秀一「消費者事故等の調査機関の設置と消費者の財産被害に係るすき間事案への行政措置の導入」時の法令1921号24頁（2013年）

薬事法規研究会 編『やさしい薬事法——医薬品医薬品開発から新医薬品販売制度まで〔第6版〕』（じほう，2009年）

【第9章】

岸井大太郎・大槻文俊・中川晶比兒・川島富士雄・稗貫俊文『経済法——独占禁止法と競争政策〔第9版補訂〕』（有斐閣，2022年）

白石忠志『独禁法講義〔第10版〕』（有斐閣，2023年）。

泉水文雄『独占禁止法』（有斐閣，2022年）

根岸哲・泉水文雄・和久井理子 編『プラットフォームとイノベーションをめぐる新たな競争政策の構築』（商事法務，2023年）。

【第10章】

北川善太郎『消費者法のシステム』（岩波書店，1980年）

国民生活センター「国民生活センターによるADR（裁判外紛争解決手続）の紹介」（国民生活センターホームページ，2024年2月7日アクセス）

小島武司・伊藤眞 編『裁判外紛争処理法』（有斐閣，1998年）

消費者庁「『消費者裁判手続特例法等に関する検討会』報告書」（消費者庁ホームページ，2021年，2024年2月7日アクセス）

消費者庁「令和4年度地方消費者行政の現況調査」（消費者庁ホームページ，2022年，2024年2月7日アクセス）

消費者庁「消費者契約法及び消費者の財産的被害の集団的な回復のため

の民事の裁判手続の特例に関する法律の一部を改正する法律（令和4年法律第59号）（消費者契約法関係）等について」（消費者庁ホームページ，2024年2月7日アクセス）

消費者庁 編「消費者裁判手続特例法 Q＆A」（消費者庁ホームページ，2023年，2024年2月7日アクセス）

消費者庁「適格消費者団体・特定適格消費者団体とは」（消費者庁ホームページ，2024年2月7日アクセス）

消費者庁 編「適格消費者団体による差止請求事例集」（消費者庁ホームページ，2019年，2024年2月7日アクセス）

消費者庁消費者制度課 編『一問一答 消費者裁判手続特例法』（商事法務，2014年）

消費者庁消費者制度課 編『逐条解説 消費者契約法〔第3版〕』（商事法務，2019年）

東京都「東京都消費者被害救済委員会」（東京都ホームページ，2024年2月7日アクセス）

中野貞一郎『民事裁判入門〔第3版補訂版〕』（有斐閣，2012年）

中野貞一郎・下村正明『民事執行法』（青林書院，2016年）

西村あさひ法律事務所・太田洋・藤田美樹・松原大祐『消費者集団訴訟特例法の概要と企業の実務対応』（商事法務，2015年）

松本博之・上野泰男『民事訴訟法〔第8版〕』（弘文堂，2015年）

山本和彦『解説 消費者裁判手続特例法〔第3版〕』（弘文堂，2023年）

山本和彦・中西正・笠井正俊ほか『倒産法概説〔第2版補訂版〕』（弘文堂，2015年）

和田仁孝・太田勝造・阿部昌樹 編『交渉と紛争処理』（日本評論社，2002年）

【関連 Web サイト】

e-Gov 法令検索	https://www.e-gov.go.jp/
金融庁	https://www.fsa.go.jp/
国民生活センター	http://www.kokusen.go.jp/
消費者安全調査委員会	https://www.caa.go.jp/policies/council/csic/
消費者委員会	https://www.cao.go.jp/consumer/
消費者庁	https://www.caa.go.jp/
食品安全委員会	https://www.fsc.go.jp/
法律文化社ホームページ	https://www.hou-bun.com/

法 令 索 引
(五十音順)

事 項 索 引

■執筆者紹介（＊編者，執筆順）

＊山口　志保（やまぐち　しお）　大東文化大学法学部教授　　　　　　1章1〜2，2章，
　　　　　　　　　　　　　　　　　　　　　　　　　　　　　　　　　4章4〜6，8章7

近藤　充代（こんどう　みちよ）　元日本福祉大学経済学部教授，　　　1章3，3章
　　　　　　　　　　　　　　　　同大学非常勤講師

上杉めぐみ（うえすぎめぐみ）　　東京経済大学現代法学部教授　　　　4章1〜3，6章，7章

大西　康代（おおにし　やすよ）　消費生活専門相談員　　　　　　　　5章

白石裕美子（しらいし　ゆみこ）　新和総合法律事務所弁護士　　　　　8章1〜6，10章

山本　晃正（やまもと　てるまさ）鹿児島国際大学経済学部教授　　　　9章

法律文化ベーシック・ブックス〔HBB+〕

消費者法 これだけは〔新版〕

2024年4月15日　新版第1刷発行

編　者　　山口志保

発行者　　畑　　　光

発行所　　株式会社 法律文化社

〒603-8053
京都市北区上賀茂岩ヶ垣内町71
電話 075(791)7131　FAX 075(721)8400
https://www.hou-bun.com/

印刷：共同印刷工業㈱／製本：新生製本㈱
装幀：白沢　正

ISBN978-4-589-04332-0

©2024　Shio Yamaguchi　Printed in Japan

乱丁など不良本がありましたら，ご連絡下さい。送料小社負担にて
お取り替えいたします。
本書についてのご意見・ご感想は，小社ウェブサイト，トップページの
「読者カード」にてお聞かせ下さい。

JCOPY　〈出版者著作権管理機構 委託出版物〉

本書の無断複写は著作権法上での例外を除き禁じられています。複写される
場合は，そのつど事前に，出版者著作権管理機構（電話 03-5244-5088，
FAX 03-5244-5089，e-mail: info@jcopy.or.jp）の許諾を得て下さい。

HBB+ 法律文化ベーシック・ブックス

「無味乾燥な学問」から「生きた面白い学問」へ　さらに読みやすく、面白く

四六判・並製カバー巻・平均280頁

新版 史料で読む日本法史 村上一博・西村安博 編	3630円
史料からみる西洋法史 宮坂 渉・松本和洋・出雲 孝・鈴木康文 共著	[近刊]
新・いのちの法と倫理〔改訂版〕 葛生栄二郎・河見 誠・伊佐智子 著	2860円
ジェンダー法学入門〔第3版〕 三成美保・笹沼朋子・立石直子・谷田川知恵 著	2750円
平和と人権の憲法学—「いま」を読み解く基礎理論— 葛生栄二郎・高作正博・真鶴俊喜 著	2750円
新・なるほど！公法入門 村上英明・小原清信 編	3080円
これからの地方自治を考える—法と政策の視点から— 中川義朗 編	3190円
消費者法　これだけは〔新版〕 山口志保 編	2860円
現代社会と刑法を考える 甲斐克則 編	2750円
政治史への問い／政治史からの問い 熊野直樹・柴尾健一・山田良介・中島琢磨・北村 厚・金 哲 著	2860円
ポスト・フクシマの政治学—新しい実践の政治学をめざして— 畑山敏夫・平井一臣 編著	2860円
実践の政治学 畑山敏夫・平井一臣 編	2750円

表示価格は消費税10%を含んだ価格です